Über die Autorin:

Martine Batchelor wurde 1953 geboren und studierte zehn Jahre lang Zen-Buddhismus in einem koreanischen Kloster. Sie ist Autorin mehrerer Bücher und arbeitet als Meditationslehrerin. Mit ihrem Mann, Stephen Batchelor, leitet sie weltweit Retreats. Das Ehepaar lebt in Südfrankreich.

Martine Batchelor
Innere Grenzen sprengen
Verhaltensmuster verändern und
Gewohnheiten loslassen

*Aus dem Englischen
von Ursula Richard*

Die amerikanische Originalausgabe erschien 2007
unter dem Titel »Let go« bei Wisdom Publications, Boston, USA.

Besuchen Sie uns im Internet: www.droemer-knaur.de
Alle Titel aus dem Bereich MensSana finden Sie im Internet unter
www.knaur-mens-sana.de

Deutsche Erstausgabe April 2009
Knaur Taschenbuch. Ein Unternehmen der Droemerschen
Verlagsanstalt Th. Knaur Nachf. GmbH & Co. KG, München
Copyright © 2007 Martine Batchelor
Copyright © 2009 der deutschsprachigen Ausgabe
Knaur Taschenbuch. Ein Unternehmen der Droemerschen
Verlagsanstalt Th. Knaur Nachf. GmbH & Co. KG, München
Alle Rechte vorbehalten. Das Werk darf – auch teilweise – nur
mit Genehmigung des Verlags wiedergegeben werden.
Redaktion: Christina Schneider
Umschlaggestaltung: ZERO Werbeagentur, München
Umschlagabbildung: getty images / Rob Whitworth /
Kollektion: Gap Photos
Satz: Adobe InDesign im Verlag
Druck und Bindung: Norhaven A/S
Printed in Denmark
ISBN 978-3-426-87424-0

2 4 5 3 1

*Für Lena und Alex,
die mir viel Freude machen
und sich ständig weiterentwickeln*

Inhalt

Einleitung 9

1 Muster 15
2 Meditation 28
3 Greifen und Festhalten 41
4 Geistige Gewohnheiten 61
5 In Emotionen verloren 90
6 Körpersignale 119
7 Die Sucht besiegen 137
8 Liebe 154
9 Mitgefühl 184
10 Ethik 201
11 Ein kreativer Pfad 213

Nachwort 231
Danksagung 232
Bibliographie 233

Einleitung

Innere Grenzen sprengen, Verhaltensmuster verändern und Gewohnheiten loslassen ist ein Buch über die Umwandlung zwanghafter Gewohnheiten und darüber, wie Meditation diesen Prozess der Veränderung unterstützen kann. Ich bin seit mehr als zwanzig Jahren Meditationslehrerin und habe in Kursen und Retreats Hunderte von Menschen getroffen, und die meisten von ihnen fühlten sich zur buddhistischen Meditationspraxis hingezogen, weil sie sich in irgendeiner Weise blockiert vorkamen oder an irgendeiner Art von Schmerz litten. Sie hofften, die Meditation werde ihnen zu mehr Stabilität und Klarheit verhelfen und sie befähigen, besser mit ihren Schwierigkeiten umzugehen. Betroffen war ich besonders darüber, wie viele Menschen unter bleibenden Verhaltensmustern litten, die ihr gesamtes geistiges, körperliches und emotionales Leben dominierten und denen gegenüber sie sich vollkommen machtlos fühlten. Es inspirierte mich sehr, wie Menschen sich verändert haben, die ihre Gewohnheitsmuster durch die Anwendung verschiedener buddhistischer Meditationsformen besser verstehen und wandeln konnten.

Die in diesem Buch beschriebenen Meditationen entstammen unterschiedlichen buddhistischen Traditionen: Die Achtsamkeitspraxis beschreibe ich als Mittel, den Geist auszurichten, um klarer zu sehen, was in jedem Augenblick geschieht. Sie wird durch die Zenpraxis der meditativen Frage ergänzt. Diese lässt uns tiefer verstehen, was an der Wurzel sich ständig wiederholender Verhaltensweisen liegt und was dieses Verhalten jeweils auslöst. Jedes Kapitel schließt mit einer Übung oder einer geleiteten Meditation ab. Dies gibt Ihnen ein Werkzeug an die Hand, mit negativen Gewohnheiten in einer neuen und kreativen Weise zu arbeiten.

Zu Beginn dieses Buches geht es darum, wie sich Verhaltensmuster durch Lernen und Wiederholung herausbilden. So kann zum Beispiel Angst, ein emotionales Muster, das wir alle kennen, sowohl positive als auch negative Wirkungen hervorrufen. Diese reichen von einem gesunden Überlebensmechanismus bis hin zu blinden Reaktionen, welche die Wirklichkeit der Situation, in der wir uns befinden, verzerren. Das führt mich zu der Frage: Welche Muster müssen wir ändern und welche nicht? Und wenn sie verändert werden sollen, wie können wir das bewerkstelligen? Meditation ist für mich ein positives und konstruktives Muster, das die Kraft hat, unsere schmerzvollen Gewohnheiten zu transformieren. Ein Schlüsselelement buddhistischer Meditation ist Konzentration. Sie hilft, den Geist zu beruhigen und die Macht blinder Reaktionen zu mindern. Ein anderes wesentliches Element ist das Fragen und Erkunden. Es erklärt uns unsere unterschiedlichen Erfahrungen und löst damit die Starre auf, die so oft aus zwanghaftem Verhalten resultiert. Zusammen praktiziert, verschmelzen Konzentration und Erforschung zu einem nichtwertenden Gewahrsein, das uns ermöglicht, in veränderter Weise auf uns und die Welt zu schauen.

Betrachten wir unsere Erfahrungen mit einem solchen Gewahrsein, können wir vielleicht entdecken, dass *Greifen* all

unseren negativen Gewohnheiten zugrunde liegt. Ich zeige die Gefahren »positiven« Greifens auf – wenn wir etwas sehr stark wollen und begehren – und »negativen« Greifens – wenn wir voller Hass und Ablehnung sind. Indem wir uns auf das reduzieren, was wir begehren oder ablehnen, begrenzen beide Formen des Greifens unsere Möglichkeiten, kreativ und frei auf eine Situation zu antworten. Meditation lässt uns erfahren, wie Greifen geschieht, wenn unsere Sinne angeregt sind. Indem wir auf meditative Weise zuhören, können wir lernen, selbst unangenehme Geräusche auf eine ruhige und weite Weise zu hören. Schon das bloße Hören kann der Ausgangspunkt für negatives Greifen (»ich kann den Lärm nicht ertragen«) oder für die Freiheit vom Greifen (»ich kann mit diesem Lärm kreativ umgehen«) sein.
Geistige Gewohnheiten haben die Tendenz zur Wiederholung, sie machen uns flach und zweidimensional. In diesem Buch beleuchte ich einige dieser Gewohnheiten wie das Tagträumen oder Urteilen näher. Ich erforsche auch die inneren Sprachen, in denen wir uns unsere Erfahrungen selbst erzählen, und wie sie unsere Erfahrungen beeinflussen. Gewahrsein hilft zu erkennen, welch großen Einfluss gewohnte Denkmuster auf Gefühle haben. Solche Gewohnheiten prägen die Persönlichkeit und sperren in starre Verhaltensweisen ein. Durch meditatives Fragen können wir eine neue Beziehung zu unseren Gedanken herstellen und so beginnen, unsere Denkweise und dann allmählich auch unser Verhalten zu verändern. Ich beschreibe, wie Dr. Jeffrey Schwartz Meditation benutzt, um im Umgang mit Zwangsstörungen, Obsessive-Compulsive Disorder (OCD), neue Wege aufzuzeigen. Des Weiteren führe ich aus, dass es bei unseren geistigen Gewohnheiten drei Ebe-

nen zu geben scheint, die ich »heftig«, »gewohnheitsmäßig« und »leicht« nenne – und ich stelle drei unterschiedliche Meditationstechniken vor, um mit diesen unterschiedlichen Ebenen von Verhaltensmustern umzugehen.

Der Moment, in dem ein angenehmes oder ein schmerzliches Gefühl sich in eine störende Emotion wandelt, ist der Punkt, an dem meditatives Gewahrsein am wirkungsvollsten ist. So kann zum Beispiel ein einfaches Gefühl von Traurigkeit leicht in einen dunklen und schmerzvollen emotionalen Zustand übergehen, in dem wir uns in einem »Ich-Arme/r«-Syndrom verlieren und davon überzeugt sind, ungeliebt und allein in der Welt dazustehen. Ich gehe auf häufig erfahrene, emotionale Gewohnheiten ein, die mit Wut, Depression, Langeweile, Einsamkeit und Angst verbunden sind. Weiter stelle ich eine Meditationspraxis über *Gefühlstönungen* (Wohlgefühl, Schmerz, Gleichgültigkeit) vor. Sie ist ein machtvolles Instrument, unsere Gefühle unmittelbarer zu erfahren, sie so zu akzeptieren, wie sie sind, und mit ihnen in einer Weise umzugehen, dass sie nicht zu störenden Emotionen werden. Ich beschreibe die Arbeit von John Teasdale, Mark Williams und Zindel Segal, die die Methode der Achtsamkeitsbasierten Kognitiven Therapie, Mindfulness-Based Cognitive Therapy (MBCT), entwickelt haben, um Rückfällen bei Depressionen vorzubeugen.

Zusätzlich zu unseren geistigen und emotionalen Gewohnheiten, entstehen auch Gewohnheiten körperlicher Art. Oft sind sie das Ergebnis einer ungesunden Beziehung zu unserem Körper; wir ignorieren oder verdrängen vielleicht wichtige Signale unseres Körpers, weil wir es gewohnt sind, uns in Gedanken zu verlieren oder von Gefühlen beherrscht zu sein. Ich stelle eine Praxis der Körper-Achtsamkeit vor, die einen besseren

Zugang zu unseren Empfindungen ermöglicht. Ich gehe zudem auf die Arbeit von Dr. Jon Kabat-Zinn ein. Dessen innovative Methode, Achtsamkeitsmeditation zur Stressbewältigung zu verwenden, hat sich als außerordentlich wirkungsvoll erwiesen.

Als Nächstes untersuche ich die Frage, was wir tun können, wenn unsere geistigen, emotionalen und körperlichen Gewohnheiten so starr und machtvoll geworden sind, dass sie zu einem Suchtverhalten geworden sind. Meditation hat sich hier als wertvoller Ansatz erwiesen, um von der Sucht loszukommen. Sie vermittelt die wesentlichen Elemente von Stabilität und Spiritualität. Ich zeige, wie Menschen erfolgreich Meditation mit dem Zwölf-Schritte-Programm verbunden haben (siehe Kapitel 7), und stelle das buddhistische Konzept der Zehn Vollkommenheiten als Leitlinie vor, die Menschen bei der Heilung von der Abhängigkeit unterstützen kann.

Ungute Gewohnheiten können auch unser Potenzial für liebevolle Beziehungen zu anderen Menschen hemmen. Solche zerstörerischen Gewohnheiten können selbst Gefühle für unseren Partner, unsere Kinder, Familie oder Freundinnen und Freunde untergraben. Meditation kann uns befähigen, diese Muster klarer zu sehen, und uns damit zu der Einsicht und dem Mut verhelfen, sie zu verändern. Sie kann uns auch zeigen, dass Annehmen und Vertrauen die Wurzel der Liebe sind. Diese Praxis lässt uns mehr Selbstvertrauen entwickeln. Das macht uns unabhängiger von anderen und verringert die Angst, die möglicherweise daran hindert, gesunde und vertrauensvolle Beziehungen aufzubauen. Meditation führt nicht dazu, dass wir unnahbarer und abgeklärter werden, sondern sie spielt auch eine wichtige Rolle im Bereich von Intimität und Sexualität.

Denn unser aller Leben hat eine soziale Dimension. Wir sind allein und gleichzeitig unausweichlich mit anderen Menschen verbunden.

Von daher ist die Frage, wie wir andere Menschen behandeln, von äußerster Wichtigkeit. Ist unser Verhalten von tiefsitzenden egozentrischen Gewohnheiten getrieben? Wie können wir von einer vorwiegend ichbezogenen Beziehung zur Welt zu einer Sichtweise gelangen, die sich zunehmend auf andere ausrichtet? Indem wir uns auf unsere fundamentale Gleichheit besinnen, können wir eine emphatische Identifikation mit anderen spüren, die wir dann in mitfühlendes Handeln auf allen Ebenen transformieren können. Meditation und mitfühlende Ethik führen dazu, auf neue, unbekannte Situationen in kreativer, fürsorglicher Weise zu reagieren, statt blind aus unseren Gewohnheiten heraus zu handeln.

Schließlich untersuche ich, wie wir Meditation in unserem geschäftigen und hektischen Leben praktizieren können. Ich glaube daran, dass wir die negative Kraft unserer unguten Gewohnheiten aufzulösen vermögen, sie transformieren können und dabei unser Potenzial für ein weises, mitfühlendes, kreatives Leben hervorbringen können. Im Zen-Buddhismus werden die »zehn Ochsenbilder« die Stadien des meditativen Weges mit der Suche eines Hirten nach dem widerspenstigen Ochsen des Geistes und dessen Zähmung verglichen. Ich interpretiere diese Bilder aus der Perspektive des Verstehens und Zähmens unserer eigenen destruktiven Muster. Auch wenn diese Bilder aus dem alten China stammen, sind sie auch heute noch Wegweiser für eine radikal neue Weise, unser Leben in der heutigen Zeit zu leben.

1
Muster

Wiederholung und Anpassungsfähigkeit

Einmal habe ich in einem Stück Bernstein eine vier Millionen Jahre alte Ameise entdeckt. Sie sah genauso aus wie jede Ameise in meinem Garten heutzutage. Statt sich an veränderte Umweltbedingungen anpassen zu müssen, sind Ameisen in ihrer äußeren Erscheinung über Millionen Jahre hinweg weitgehend gleich geblieben. Ameisen sind sowohl extrem unverwüstlich als auch anpassungsfähig, und sie konnten von daher für so lange Zeit in fast der gleichen Form überleben.

Alles Lebendige hat sich durch Reproduktion entwickelt. Die Entstehung und die Wandlung des Lebens sind durch konstante Muster in Verbindung mit gelegentlichen Mutationen möglich geworden. Gäbe es keine stabilen, wiederkehrenden Muster und Strukturen, könnte kein Geschöpf in einer konsistenten Form bestehen. Doch gäbe es nur Wiederholung und keine Variationsmöglichkeiten, dann wäre der lebendige Organismus unfähig, sich an Veränderungen anzupassen. Wiederkehrende Muster und Strukturen sichern Stabilität, während zufällige Mutationen die Möglichkeit der Anpassung an neue Umstände ermöglichen.

Wiederholung und Anpassungsfähigkeit sind für das Bestehen und die Entwicklung des Lebens gleichermaßen essenziell.

Robert Wright vertritt in seinem Buch *Nonzero: The Logic of Human Destiny* die Ansicht, dass sich Kulturen durch die Verbreitung von Informationen und den Ausbau des Handels entwickelt haben. Diese Kooperation beruhte natürlich auch auf Eigennutz. Wright sagt weiter, dass autoritäre Regierungssysteme Wandel oft verhindern wollen. Die Unterdrückung von Wandel aber führt zu Stagnation oder rückläufiger Entwicklung, die letztendlich nur durch Zusammenbruch und Chaos aufgehoben werden können. Ähnlich ist es, wenn wir in starren Verhaltensmustern feststecken und jeglicher Veränderung widerstehen, dann werden auch wir stagnieren oder uns zurückentwickeln.

Doch wir haben die Wahl. Wollen wir Veränderung als Folge eines chaotischen Zusammenbruchs, oder wollen wir verantwortlich und kreativ mit dem Fluss und Wandel unseres eigenen Lebens verbunden sein?

Neurowissenschaftler sagen, dass kreative Problemlösungsstrategien mit der rechten Gehirnhälfte verknüpft sind, während Routinehandlungen mit der linken verknüpft sind. Sowohl Neues als auch Bekanntes sind für unser Lernen essenziell. Lernen beginnt da, wo wir Lösungen für unbekannte Situationen finden; dadurch entstehen Verhaltensmuster, mit denen wir, sobald wir ähnlichen Situationen wiederholt ausgesetzt sind, reagieren. Als Menschen bewegen wir uns ständig zwischen neuem und routiniertem Verhalten.

Ein Kind wächst und entwickelt sich dadurch, dass es Verhaltensmuster ausbildet und lernt, wie man isst, läuft, liest oder schreibt. Muster prägen unser Leben. Einige, wie essen, sind für unser Überleben unabdingbar. Andere, wie Auto fahren, sind erlernte Aktivitäten, die unser Leben vereinfachen. Beides sind Fähigkeiten, die wir besitzen oder erworben haben. Doch sie können sich auch in eine jeweils positive oder negative Richtung entwickeln: Sie können bedachtsam essen oder voller Gier. Sie können ein verantwortlicher Autofahrer sein oder eine Gefahr für die anderen Verkehrsteilnehmer darstellen. Welche Verhaltensmuster wollen Sie pflegen? Ist Ihnen bewusst, wie Muster negative Wirkungen nach sich ziehen können? Und wollen Sie etwas dagegen tun?

Angst vor der Dunkelheit

Ich hatte immer schreckliche Angst im Dunkeln. Als ich als buddhistische Nonne in Korea lebte, waren die Lebensumstände sehr einfach, und die Toiletten befanden sich außerhalb des Gebäudes. Ich hatte große Angst davor, nachts rauszumüssen, weil ich die Vorstellung hatte, ein Mann mit einem Messer würde sich von hinten anschleichen und mich angreifen. Eines Winters beschlossen meine Mit-Nonnen und ich, fünf Nächte lang zu meditieren und nicht zu schlafen. Ich war sehr beunruhigt. Wie sollte ich es schaffen, nachts zur Toilette zu gehen? Ich ging also zu meinem Zen-Meister Kusan Sunim und bat ihn um Rat. Er sagte mir, dass ich immer dann, wenn die Angst hochkäme, zum Kern meiner Meditation zurückkehren sollte, und das ist im koreanischen Zen die Frage: »Was ist das?«

Ich dachte, die Frage des Zen-Meisters würde wie eine Art Talisman funktionieren und mich von daher vor jeder Gefahr beschützen. Es funktionierte gut. Meine Angst schwand, wenn ich hinaus zur Toilette ging, und ich überstand diese Nachtsitzungen. Einige Zeit später dämmerte es mir, dass es sich dabei überhaupt nicht um einen Zaubertrick gehandelt hatte. Mein Lehrer hatte mir die Aufmerksamkeit für den gegenwärtigen Augenblick als Geschenk gemacht. Sobald ich auf dem Weg zur Toilette zu meiner Frage »Was ist das?« zurückkehrte, fühlte ich keine Angst mehr, sondern spürte, wie meine Füße den Boden berührten, und realisierte, dass ich mich tief in den Bergen in einem großen koreanischen Kloster befand. Wer sollte überhaupt wissen, dass ich da war, geschweige denn mich mitten in der Nacht angreifen wollen?
Solche Gefühlsmuster haben uns oft im Griff, und wir verstärken sie dann durch vertraute Gedankenmuster. Es ist ganz natürlich, im Dunkeln Angst zu haben. Es ist ein guter Überlebensmechanismus und eine wertvolle Anpassungsstrategie. Weil wir im Dunkeln nicht gut sehen können, ist unser autonomes Nervensystem aktiviert, und wir sind bereit, beim leisesten Anzeichen von Gefahr zu fliehen. Auch heute noch ist dieser Mechanismus für eine Frau, die sich allein in einem ihr unbekannten Stadtteil bewegt, wichtig. Doch im ländlichen Korea war ich des Nachts viel sicherer als am Tage, wenn sich alle möglichen Menschen auf dem Klostergelände aufhielten. Einige Verhaltensmuster sind instinktive Reaktionen, die eigentlich nicht länger sinnvoll sind. Doch wenn Sie uns im Griff haben, erleben wir die Angst und den Stress, die sie auslösen.

Wer verändert sich?

Mein Neffe und meine Großmutter kamen nicht gut miteinander zurecht. Einmal mussten beide für vier Wochen allein im Haus meiner Mutter zubringen, und ich wurde gerufen, um als Friedensstifterin zu wirken. Als ich kam, war der Krieg bereits erklärt, und beide sprachen nicht mehr miteinander. Da meine Großmutter 85 war und mein Neffe 24, dachte ich, dass mein Neffe leichter einlenken könne als meine Großmutter. Ich nahm ihn beiseite und fragte ihn, was ihn denn so an ihr aufrege. Er sagte, er habe Schwierigkeiten mit der Art und Weise, wie sie die Dinge tue, und selbst wenn sie über etwas sprächen, wären sie nie einer Meinung.
Ich fragte ihn, ob er glaube, es sei realistisch, von unserer Großmutter zu erwarten, sie würde sich ihm zuliebe ändern. Er dachte eine Weile darüber nach und stimmte dann zu, dass Großmutter zu alt und festgefahren sei, um sich zu ändern. Er akzeptierte, dass er nichts anderes tun könne, als sich an sie anzupassen und sich anders zu verhalten. Ein Waffenstillstand wurde erklärt und ein Frieden hergestellt, der für die Dauer von drei Wochen auch zu halten versprach. Und ich konnte leichten Herzens wieder abreisen. Ein paar Monate später hörte ich zufällig, wie mein Neffe meiner Mutter, die gerade Probleme mit der Großmutter hatte, erklärte, dass sie wirklich nicht von ihrer Mutter erwarten könne, ihr Verhalten zu ändern, und dass sie stattdessen selbst flexibler sein solle.

Wenn Menschen übereinstimmende Muster haben, dann neigen sie zu einem harmonischen Miteinander. Sind die Muster nicht kompatibel, kommt es leicht zu Spannung und Streit. Vor allem aus diesem Grund entwickeln sich soziale und kulturelle Strukturen. Im Allgemeinen mögen Menschen es nicht, wenn ihre Muster zerstört werden. Sie haben es lieber, wenn die Dinge in gewohnter Weise vor sich gehen. Damit fühlen sie sich wohl. Doch führt das auch zu der Art von Stagnation und Starre, gegen die jüngere Generationen rebellieren, um ihre eigene Identität zu finden. Trotzdem wird selbst ein rebellischer Teenager einige tradierte elterliche Verhaltensmuster übernehmen, während er auf der anderen Seite neue Gewohnheiten und neue Wege, mit Dingen umzugehen, entwickelt. Mit der Zeit existiert Altes und Neues nebeneinander und bereichert sich sogar. Stabilität und Wandel sind für das Wachstum und die Entwicklung eines Menschen und einer Gesellschaft gleichermaßen notwendig. Und so findet man beim Hinterfragen der eigenen Verhaltensmuster einige, die vollkommen zweckmäßig sind, und andere, die man radikal ändern sollte.

Ich beobachte oft die schmerzvollen Auswirkungen, die durch die negativen Muster eines Menschen verursacht werden, und wünsche ihm so sehr, dass er sieht, was er tut – und sich dann ändert. Der Schmerz, den Menschen sich selbst und anderen bereiten, ist so offenkundig, dass man sich wundert, warum sie dieselben Dinge immer wieder sagen oder tun. Eingefleischte Verhaltensmuster sind nicht so einfach zu überwinden, ungeachtet dessen, wie wohltuend es für den Betreffenden wäre, sein Verhalten zu ändern. Das erste Problem, dem wir uns stellen müssen, ist, dass es sehr schwierig sein kann, eigene Gewohnheiten klar zu erkennen. Einige mögen uns bewusst sein, während wir blind für andere sind, bis uns jemand darauf stößt.

Blind für Gewohnheiten

Als junge Nonne in Korea gehörte es zu meinen Aufgaben, mich um die westlichen Besucher zu kümmern, die gelegentlich unser Kloster aufsuchten, und ihre Fragen zum Buddhismus zu beantworten. Unglücklicherweise war es für mich immer schwierig, mich an die vielen Begrifflichkeiten und Lehrsätze zu erinnern, auf die der Buddhismus oft so stolz ist. Eines Nachmittags versuchte ich die Vier Edlen Wahrheiten zu erklären (und mich an sie zu erinnern!) – die Grundlage der buddhistischen Lehre. Ich war erleichtert, als mir wenigstens die ersten beiden einfielen: die Wahrheit des Leidens und, als dessen Ursprung, die des Begehrens. Doch ich konnte nicht die dritte nennen, obwohl sie mir auf der Zunge lag.

Aus dem Augenwinkel sah ich, wie ein Mönch einen Eimer voller Kaki-Früchte davontrug, die ich am Nachmittag gepflückt hatte. Ich sprang auf, lief zu ihm hin, riss ihm den Eimer aus der Hand und machte ihm unmissverständlich klar, wem die Kaki-Früchte gehörten. Als ich zu unseren Gästen zurückkehrte, fielen mir die letzten beiden edlen Wahrheiten ein: Es kann ein Ende des Begehrens geben, und es gilt den Edlen Achtfachen Pfad zu kultivieren.

Nachdem die Besucher gegangen waren, fragte mich eine Nonne, die in der Nähe gesessen und die ganze Situation beobachtet hatte, ob ich etwas Seltsames bemerkt hätte. »Seltsames?«, sagte ich.

»Ja, in deinem Verhalten«, erwiderte sie.

»In meinem Verhalten?«

»Ja, du wurdest so wütend, als du bemerkt hast, dass der

Mönch deinen Eimer mit den Kaki-Früchten davongetragen hat, während du gerade dabei warst, die Vier Edlen Wahrheiten zu erklären. Das war seltsam.«

Erst als sie das so sagte, wurde mir bewusst, was ich getan hatte. Ich hatte gedankenlos und blind auf den »Dieb« »meiner« Kaki-Früchte reagiert.

Ein Verhaltensmuster kann uns so zur Gewohnheit werden, dass wir kaum noch bemerken, zu was es uns treibt. Man fühlt automatisch, denkt automatisch und handelt automatisch. Gefühle, Gedanken und körperliche Empfindungen sind so miteinander verwoben, dass nur schwer zu erkennen ist, welches das automatische Verhalten ausgelöst hat. In solchen Momenten wissen wir vielleicht nur, dass wir uns im Klammergriff eines Verhaltensmusters befinden, das für uns und andere schmerzvolle Folgen hat. Wir verstärken diese Muster oftmals durch unser sich wiederholendes Denken und Fühlen und kommen dadurch zu der Überzeugung, dass wir keine Wahl haben, als so zu sein, wie wir sind. Wie oft denken oder sagen wir, um uns für irgendetwas, das wir getan haben, zu rechtfertigen: »So bin ich einfach. Da kann ich nichts dran machen.« Doch sind wir wirklich so in unseren Gewohnheiten gefangen, wie wir glauben?

Wenn etwas Unerwartetes geschieht, was tun wir dann? Oft sind wir in dem uns vertrauten Drehbuch gefangen und identifizieren uns damit, aber das muss nicht so sein. Kleine Veränderungen können einen interessanten und entscheidenden Unterschied machen.

Vor kurzem verbrachte ich einige Stunden damit, ein Manuskript zu korrigieren, und dann löschte ich versehentlich alle Korrekturen, weil ich einen Befehl meines Computerprogramms falsch verstanden hatte. Das Wort »dumm« kam mir sofort in den Sinn. Doch obwohl ich etwas Dummes getan hatte, hieß das nicht, dass ich mich mit der inneren Stimme in meinem Kopf identifizieren musste, die mir sagte, welch dumme Person ich sei. Solche Dinge passieren aufgrund verschiedener Bedingungen und Ursachen, die zu einem bestimmten Zeitpunkt zusammentreffen. Doch es wäre falsch, sich mit auch nur einem dieser Umstände zu identifizieren. Es ist leicht und vielleicht auch verführerisch, sich zu sagen: »Ich bin wirklich dumm.« Doch sobald wir uns mit so etwas wie Dummheit identifizieren, fixieren wir uns auf eine enge und unvollständige Wahrnehmung unserer selbst.

Von Angst gepackt

»Da ist Angst in meinem Kopf«, beschreibt eine Erfahrung. »Ich bin ängstlich«, ist der Beginn einer Identifikation mit dieser Erfahrung. »Ich bin ein ängstlicher Mensch«, verfestigt die Erfahrung. Zu anderen Zeitpunkten benutzen wir diese Sätze dann vielleicht, um eine ähnliche Erfahrung zu beschreiben. Doch jede erfasst eine für sich allein stehende Wahrnehmung, die wir von uns haben und die uns unterschiedlich empfinden lässt. Je öfter wir solche Sätze wiederholen, desto mehr verdrängen wir diese Wahrnehmung und dieses Gefühl.
»Wovor habe ich Angst?« »Woher kommt die Angst?« »Wer hat Angst?« Solange wir uns diese Fragen stellen, erhalten wir uns die Möglichkeit, den Ursprung und die Bedingungen der Angst

anzuschauen. Das wiederum lässt uns die Dinge anders wahrnehmen und die Identifikation und Erstarrung damit zu reduzieren. Es wird leichter möglich, mit uns selbst auszukommen, wenn wir weniger starre Ansichten darüber besitzen, wer wir sind. Denn sobald wir davon überzeugt sind, dass wir von Natur aus ein ängstlicher Mensch sind, stecken wir fest. Dann können uns die harmlosesten Dinge ängstigen. Es kommt uns dann so vor, als wäre Angst der natürliche Zustand.

Alle paar Jahre gehe ich nach Südafrika, um Meditation zu lehren. Durch die Bilder und Berichte in den Medien könnte man leicht meinen, dass dies ein sehr gefährliches Land sei. Und tatsächlich ist Südafrika das auch für einige Menschen an einigen Orten. Doch auf all meinen Reisen, die mich durch das ganze Land führten, war ich kein einziges Mal in Gefahr. Dennoch hatte ich in Südafrika große Angst. Warum?

Nach einer Weile erkannte ich, dass das, was mich in Angst versetzte, nicht die Gegenwart irgendeiner realen Gefahr war, sondern *die Angst anderer Leute.* Wann immer ich mit Südafrikanern zusammen war, die nervös und ängstlich waren, wurde auch ich nervös und ängstlich. Es war ein ansteckendes Gefühl. Doch war ich mit starken, optimistischen Leuten zusammen, die auch gegen die Apartheid gekämpft hatten, dann hatte ich überhaupt keine Angst. Seitdem strebe ich nach einer Furchtlosigkeit, die ich auch an andere weitergeben kann. Welch größeres Geschenk ist möglich, als sich und anderen geistigen Frieden zu geben?

Südafrika ist ein ausgezeichneter Ort, um zu lernen, mit Angst umzugehen. Solange ich keine auffälligen oder teuren Dinge trage oder mit mir herumschleppe und solange ich mich angemessen kleide, kann ich sicher sein, alles Nötige gemäß meinen

Überlebensinstinkten getan zu haben. Dann kann ich das Leben genießen, wie es gerade kommt. Bei meinen Besuchen sozialer Projekte in den Townships oder meinen Treffen mit Menschen in ihren kleinen, rauchigen Hütten habe ich viel gelernt und erfahren. Ich treffe sie als Menschen, die ihr eigenes Leben führen, die leiden und sich freuen, so wie ich. Ich habe kein bedrohliches, eindimensionales Bild mehr von ihnen im Kopf. Sie sind einfach Menschen wie ich selbst, die versuchen, ein erfülltes Leben inmitten schwieriger Umstände zu führen.

Manchmal unterrichte ich auch Meditation in einem Männergefängnis in der Nähe von Kapstadt. Die meisten der Insassen, mit denen ich meditiere, sind Mörder oder haben andere Gewaltverbrechen verübt. Aber sie haben meditieren gelernt und praktizieren das sehr fleißig. Die Meditation hilft ihnen, ihre destruktiven Verhaltensmuster klarer zu erkennen und zu verstehen, warum sie da sind, wo sie jetzt sind. Viele von ihnen sehen die Zeit im Gefängnis als Gelegenheit zur persönlichen Veränderung. Sie sind vielleicht im Gefängnis eingesperrt, aber sie müssen nicht das Gefühl zu haben, auch geistig eingesperrt zu sein.

ÜBUNG

Sich der Gewohnheiten bewusst werden

Setzen Sie sich mit Papier und Stift an einen Tisch und versuchen Sie, sich einiger Ihrer Gewohnheiten in einer nichtwertenden Weise bewusst zu werden. Bevor wir unsere Gewohnheiten verändern können, müssen wir sie deutlich, in einer neutralen Weise sehen. Wir sind keine schlechten Menschen, weil wir bestimmte Gewohnheiten haben – wir sind nur Menschen. Manche Gewohnheiten sind schön und nützlich, andere sind schmerzlich und destruktiv. Und die meisten Menschen haben von beiden etwas. Menschen, die uns kennen oder die uns nahestehen, haben uns vielleicht bereits auf einige hingewiesen.

Diese Übung ist eine Einladung, für einige Muster einfach offen und präsent zu sein. Das müssen nicht alle sein. Sie sollen sich nur einiger Muster bewusst werden, sanft, freundlich und, wenn möglich, mit etwas Humor.

Schreiben Sie zwei positive Gewohnheitsmuster von sich auf, zum Beispiel Freundlichkeit und Aufmerksamkeit. Es ist wichtig, dass Sie Ihre positiven Gewohnheiten ebenso sehen wie Ihre negativen Gewohnheiten.

Beschreiben Sie eine negative Gewohnheit, vielleicht eine Tendenz zu Ärger oder Ängstlichkeit. Versuchen Sie, unvoreingenommen und freundlich zu sich selbst zu sein. Versuchen Sie zu sehen, dass Sie nicht immer aus der Gewohnheit heraus handeln und dass diese Gewohnheit, wie alle anderen auch, aus bestimmten Bedingungen heraus entsteht.

Wenn Sie in Stille dasitzen, können Sie sich eines gewohnheitsmäßigen Gedankens bewusst werden – eines alltäglichen, häufig wiederkehrenden Gedankens oder einer Geschichte? Werden Sie sich der Gedanken, die sich relativ häufig wiederholen, bewusst. Seien Sie wie ein wissbegieriger Forscher, mit frischem, offenem Geist.

Spüren Sie ein bestimmtes gewohnheitsmäßiges Gefühl im Brustbereich? Fühlen Sie sich normalerweise freudig, friedvoll, traurig, ärgerlich oder ziemlich okay? Selbst gewohnheitsmäßige Gefühle verändern sich, sie kommen und gehen.

Was fühlen Sie im Körper?

Spüren Sie irgendwelche gewohnheitsmäßigen Empfindungen? Erleben Sie inmitten von oder nach bestimmten Situationen regelmäßig eine Art Unbehagen? Wodurch schwindet es wieder? Versuchen Sie nicht, sich mit der Empfindung zu identifizieren oder sie zu verfestigen. Atmen Sie durch sie hindurch.

Beenden Sie die Übung, indem Sie aufstehen und Ihren täglichen Aktivitäten nachgehen. Versuchen Sie während des Tages, die gewohnheitsmäßigen Gedanken, Gefühle und Empfindungen, die Sie erleben, sanft wahrzunehmen. Es ist wichtig, diese Übung als eine objektive, aber freundliche Beobachtung zu verstehen. Sie halten nicht nach einem Übeltäter Ausschau, sondern versuchen, Ihre Lebensumstände kennenzulernen und zu verstehen.

2
Meditation

Die Vier Großen Bemühungen

Viele der Lehren in diesem Buch stützen sich auf buddhistische Unterweisungen und Traditionen. Der Buddha hat seine Anhänger immer wieder ermutigt, sich in den Vier Großen Bemühungen zu üben:

- negative Geisteszustände, die noch nicht entstanden sind, nicht entstehen zu lassen;
- negative Geisteszustände loszulassen, sobald sie entstanden sind;
- positive Geisteszustände herbeizuführen, die noch nicht entstanden sind;
- positive Geisteszustände aufrechtzuerhalten, sobald sie entstanden sind.

In den Vier Großen Bemühungen wird die Entwicklung und Kultivierung positiver Muster also als ein Mittel verstanden, um negative zu überwinden. Doch obwohl sie *einfach* sind, sind sie dennoch überhaupt nicht *leicht*.
Es geht dabei nicht nur darum, das zu verbannen, was negativ ist, und das zu bestätigen, was positiv ist. Der Buddha empfiehlt, dass wir mit der Zeit bewusst die Bedingungen schaf-

fen, die verhindern, dass negative Gedanken und Emotionen überhaupt aufkommen. Er empfiehlt ebenso die Bedingungen, die positive Gedanken und Emotionen entstehen lassen, ganz natürlich zu befördern.

Die buddhistischen Lehren betonen, dass alles im Leben die Konsequenz von Ursache und Wirkung ist, und diese Vier Großen Bemühungen sollen uns dabei helfen, sich die Ursachen und Bedingungen für mehr Frieden, Stabilität, Freude und Offenheit zu erschließen.

Unter der Oberfläche unseres Bewusstseins liegen viele geistige und emotionale Muster, die, wenn bestimmte Bedingungen eintreffen, sehr leicht aktiviert werden und uns in einer destruktiven und sinnlosen Weise agieren lassen. Wenn wir stattdessen konstruktive und positive Reaktionen entwickeln und kultivieren, werden wir entdecken, dass diese nicht nur die Macht der negativen Muster schwächen, sondern auch den Auslösemechanismus außer Kraft setzen, der sie in Gang setzt. Ein Großteil der buddhistischen Meditation besteht aus einer systematischen Entwicklung von positiven Mustern, die es uns ermöglichen, mit den negativen, leidbereitenden Mustern auf kreative Weise umzugehen.

Geistige Sammlung

Die buddhistische Meditation umfasst zwei wesentliche Elemente: die Konzentration oder »*Geistige Sammlung*« und das *Erkunden*. Die Geistige Sammlung bezeichnet die Fähigkeit,

sich für eine gewisse Zeitspanne auf ein Objekt zu fokussieren. Einige Lehrerinnen und Lehrer raten zu einer vollkommenen Eingerichtetheit auf ein einziges Objekt. Ich selbst empfehle die Fokussierung auf eine Art von Objekt aus der eigenen Erfahrung, aber mit einem sehr offenen Gewahrsein, um eine stabile und offene Konzentration zu entwickeln.
Konzentration, geistige Sammlung, führt zu Ruhe und Stille von Geist und Körper. Erkunden ist die Fähigkeit des Geistes, klar wahrzunehmen, was geschieht, und eingehend dessen Natur zu betrachten. Das führt zu Einsicht und Weisheit.
Es gibt traditionell vier Haltungen der Meditation: Sitzen, Stehen, Gehen und Liegen. Wenn Sie im Sitzen meditieren können, sollten Sie dies in einer aufrechten, entspannten Haltung tun. Sie werden Ihres Körpers gewahr, der auf dem Stuhl sitzt, des Gesäßes auf dem Kissen, der Füße auf dem Boden. Müssen Sie im Liegen meditieren, so legen Sie sich bequem auf Ihren Rücken und werden Sie dann Ihres Körpers gewahr, wie er auf dem Bett oder dem Boden liegt.
Seien Sie sich in diesem Moment bewusst, dass Sie sicher sind, nichts anderes geschieht, Sie atmen und sind lebendig.
Konzentrieren Sie sich dann auf den Atem, lassen Sie Ihre Aufmerksamkeit sanft auf dem Rhythmus des Ein- und Ausatmens ruhen. So wirkt der Atem als Anker in den gegenwärtigen Moment. Achten Sie zur gleichen Zeit auf die Geräusche, Empfindungen und Gedanken im Hintergrund Ihres Bewusstseins. Meditation schließt nichts aus. Die Konzentration auf den Atem im Rahmen eines weit offenen Gewahrseins hält Sie im gegenwärtigen Moment und verhindert, dass Sie mit Ihrer Aufmerksamkeit hierhin und dahin springen und Ihren Geist in alle Richtungen wandern lassen. Im

Vordergrund sind Sie auf den Atem fokussiert, im Hintergrund tauchen Dinge auf und verschwinden wieder.

Schon bald werden sich Gefühle oder Gedanken, die fesselnder und interessanter scheinen als der Atem, dazwischendrängen und Aufmerksamkeit fordern: Etwas, was Ihre Kollegin auf der Arbeit zu Ihnen gesagt oder was sie getan hat, Pläne für den Rest des Tages, Sorgen oder Erinnerungen.

Wir alle verbringen eine Menge Zeit mit solchen Gedanken. Es ist sowohl aufschlussreich als auch erholsam, sie einfach sein zu lassen und ihnen nicht nachzugehen, sondern einfach zum Atem zurückzukehren, sobald sie uns ablenken. Haben Sie sich wieder in Ihren Gedanken verloren oder sind abgelenkt, dann kehren Sie erneut zum Atem zurück. Was könnte wesentlicher und ursprünglicher sein, als mit dem Atem zu sein, der Basis unseres Lebens?

Führen Sie diese Übung regelmäßig durch, dann können Sie Stille, innere Weite und Offenheit entwickeln und kultivieren. Es ist eine einfache, aber wirkungsvolle Übung. Solange Sie auf den Atem ausgerichtet sind, so lange können Sie sich nicht auf Ihre geistigen, emotionalen und körperlichen Muster konzentrieren. Indem Sie immer und immer wieder zum Atem zurückkehren, können Sie die Macht Ihrer Gewohnheiten auflösen. Durch die Konzentration auf den Atem schaffen Sie einen Raum zwischen der Erfahrung und Ihrer Identifikation mit ihr und schwächen dabei den Prozess, der Gewohnheiten überhaupt erst hervorbringt.

In der Meditation fliehen Sie nicht vor Erfahrungen, aber Sie lernen, sich selbst und die Welt in größerer innerer Weite zu erfahren.

Erkunden

Das zweite zentrale Element der Meditation ist das Erkunden. Damit ist die Fähigkeit gemeint, eindringlich das zu befragen, was geschieht. Wie ein Lichtstrahl, der die flüchtige und sich wandelnde Natur der Erfahrung beleuchtet. Ein übliches Muster des menschlichen Geistes ist es, in einer rigiden und starren Sicht auf uns selbst und die Welt zu verharren. Die meditative Erforschung ermöglicht es uns, das, was geschieht, tief und eingehend zu betrachten und seine sich verändernde, bedingte Natur zu erkennen. Wir beginnen zu verstehen, in welchem Ausmaß wir blind für diese Merkmale unserer Existenz sind und stattdessen in emotionalen und geistigen Gewohnheiten gefangen bleiben, die auf der Illusion gründen, dass wir uns niemals ändern. Eines meiner Muster ist, schnell gereizt zu sein und ärgerlich zu reagieren. Meditatives Erkunden hat mir geholfen, diese Gewohnheit direkt zu sehen und zu erfahren, und zwar genau in dem Moment, in dem sie in Körper und Geist stattfindet. Ich erkannte, wie sinnlos es ist, sie sich nur wegzuwünschen, und wie schmerzvoll, sich immer wieder in ärgerlichen Gefühlen zu verlieren.
Einmal hatte ich eine hitzige Auseinandersetzung mit einer Freundin über die Herrichtung einiger Gästezimmer in unserer Gemeinschaft. Da ich noch zu kochen hatte, mussten wir das Gespräch kurz halten. Bei der Essensvorbereitung merkte ich plötzlich, wie wütend ich war, und ich begann das zu untersuchen. Mein Herz hämmerte, und meine Beine und Arme zitterten. Ich erkannte, dass niemand außer mir selbst diese körperlichen Reaktionen verursachte. Ich allein war die

Schöpferin dieser leidvollen Erfahrung. Sobald ich das einsah, beruhigte sich mein Körper, und ich entspannte mich. Dann schaute ich auf meine Gedanken, die noch immer in meinem Kopf herumrasten. Ich wiederholte immer und immer wieder: »Ich habe recht. Sie hat unrecht.« Und ich erkannte, dass meine Freundin vielleicht gerade dasselbe dachte. Sobald ich die Absurdität dieses Gedankenmusters sah, löste es sich auf.

Ich brauchte eine ganze Weile, um das alles zu erkennen: Als Erstes musste ich das Muster der Gereiztheit sehen und annehmen. Danach musste ich seine Ursachen und Bedingungen entdecken. Als ich schließlich tief in dieses Muster eintauchte, konnte dessen Macht gebrochen werden. Doch auch wenn wir das Muster nur sehen und annehmen, wird sich schon die Zeit verkürzen, in der es wirksam ist. Wenn wir darüber hinaus seine Ursachen und Bedingungen kennenlernen, werden wir seine Macht weiter schwächen können. Im Lichte des Gewahrseins verstand ich schließlich, wie sinnlos es ist, mich durch solche Sätze in meinem Kopf zu definieren.

Inmitten eines Gesprächs ist es oft sehr leicht, sich mit der eigenen Meinung zu identifizieren. Wenn jemand dann diese Meinung in Frage stellt, ist das für uns so, als ob er uns in Frage stellen würde und nicht nur eine Vorstellung in unserem Kopf, die letztlich nicht mehr ist als das Feuern von Neuronen. Wollen wir uns selbst wirklich darauf reduzieren? Wir sind in jedem Augenblick weit mehr als das. Wir neigen dazu, uns mit unseren Ideen zu identifizieren. Doch Ideen sind nur ein kleiner Teil dessen, was unser Gehirn zu denken vermag. Darüber hinaus ändern sie sich wieder und wieder.

Von daher erscheint es viel zu begrenzt, wenn wir uns nur durch *eine* Vorstellung definieren. Wir können so viele verschiedene haben. Wenn wir uns in eine Idee wie »ich habe recht« einsperren, die zu »ich habe immer recht« führen kann, sind wir nicht offen für die Ideen anderer, deren Ideen unsere eigenen bereichern können.

Annahme

Wenn wir Konzentration und Erkunden zusammen kultivieren, so können wir ein meditatives Gewahrsein entwickeln, das durch Annahme gekennzeichnet ist. Diese Annahme oder Akzeptanz entsteht daraus, dass wir uns selbst in einer stabilen und gleichzeitig offenen Haltung kennenlernen. Wir sehen direkt und aus eigenem Erleben, was ist, und begrüßen es voll und ganz. Diese Annahme führt zu einem kreativen Umgang mit dem, was in uns und um uns herum geschieht. Sie ermöglicht uns, uns neu zu begegnen. Der Raum, die Stille und Offenheit eines solchen Gewahrseins halten uns davon ab, uns nur mit einem einzigen Aspekt unseres Erlebens zu identifizieren. Oft urteilen wir sehr schnell über uns und andere, doch wenn wir uns mit diesen Urteilen identifizieren, verkleinern wir das Feld unseres Gewahrseins und das unseres Handelns. »Ich bin so. Sie sind so.« – Solche Beteuerungen halten uns davon ab, uns auf die Gesamtheit unserer Erfahrung wirklich ganz einzulassen.

Die Konzentration lässt uns Erfahrungen aus einer Beständigkeit heraus direkt betrachten. Das Erkunden zeigt uns die Möglichkeiten, die wir in diesem Augenblick haben. Die Ak-

zeptanz schließlich lässt uns sagen: »Ja, ich sehe, dass ich in einer bestimmten Weise handle, aber woher kommt das? Wie ist diese Handlung, dies Gefühl, diese Empfindung entstanden? Welche Folgen hat mein Handeln für andere?«
Dieser Prozess hat nichts mit einer Fixierung auf uns selbst zu tun, sondern ist eine Begegnung mit der Gesamtheit unseres Erlebens. Eine Fixierung auf die eigene Person würde beinhalten, alles ausschließlich auf sich selbst zu beziehen. Meditative Annahme aber lässt uns unser Selbst in einem größeren Zusammenhang, der nicht nur durch unsere eigene Existenz und unsere Bedürfnisse definiert ist, erkennen. So werden wir auch mehr an der Existenz anderer und an unserer Wirkung auf sie interessiert sein. Das Gewahrsein und die Annahme, die wir in der Meditation entwickeln, beinhalten nicht nur Gewahrsein und Annahme für uns, sondern auch für andere.
Darüber hinaus wird diese Art der Praxis Ihnen helfen, klarer zu sehen und anzunehmen, was gut, geschickt und freundlich in Ihnen ist: Ihre positiven Muster. Damit das Gute in Ihnen lebendig werden kann, müssen Sie es erkennen, fühlen und bestätigen. Der Buddha sagte, dass unsere Gutherzigkeit sich nur dann weiterentwickeln kann, wenn wir sie nähren.
Als Jugendliche hatte ich immer Journalistin werden wollen, doch dachte ich nie daran, Schriftstellerin zu werden, da ich in der Schule stets schlechte Noten im Schreiben und in der Aufsatzgestaltung hatte. Meine Übersetzung der Unterweisungen Zen-Meister Kusan Sunims aber führten zu deren Veröffentlichung und dies dann zur Mitherausgabe eines Buches über Buddhismus und Ökologie. Das mündete wiederum darin, dass ich selbst zu schreiben begann. Wenn ich mich anfänglich mit der Wahrnehmung meiner selbst als schlechter

Schreiberin vollkommen identifiziert hätte, dann hätte ich wohl kaum positiv auf die Vorschläge, Bücher herauszugeben und zu schreiben, reagiert.

Wenn Sie sich in ständig wiederkehrenden Mustern verfangen, ist es schwierig, sich zu entwickeln. Denn dann sind Sie davon überzeugt, dass Sie keine Möglichkeit haben, anders zu sein. Doch wenn Sie sich selbst erlauben, anders zu sein, säen Sie damit einen Samen aus, der, wird er kultiviert, zu unerwarteten und bemerkenswerten Entwicklungen führen kann. Ein Samen ist winzig klein, doch eingepflanzt, gewässert und umsorgt, kann ein großer Baum daraus erwachsen. Wird er nicht ausgesät, wird der Samen so bleiben, wie er ist. Das ist der Prozess des Lebens und der Entwicklung.

Sind wir in unserem Geist eng und starr, wird unser Horizont klein. Wir verschließen uns in uns selbst, und niemand und nichts kann uns mehr erreichen. Das ist Selbstversunkenheit, das Gegenteil von Meditation. Wir haben, als wir jung waren und unser Schicksal noch nicht selbst in der Hand hatten, viele Gewohnheitsmuster als Überlebensstrategie entwickelt. Solche Muster – extreme Vorsicht, ständiges Urteilen, Problemen durch Tagträumerei entkommen – haben uns vielleicht einmal sehr dabei geholfen, schwierige Situationen zu überstehen und den Kopf über Wasser zu halten. Als Erwachsene aber brauchen wir diese Schutzmechanismen möglicherweise gar nicht mehr. Wir haben uns jedoch so sehr an sie gewöhnt, dass sie längst zu tiefverwurzelten Gewohnheiten geworden sind.

Eine Freundin von mir hatte eine schreckliche Kindheit. Ihr Weg, damit umzugehen, war der, sich wegzuträumen. Als Erwachsene führt sie nun ein ruhiges und friedliches Leben, doch es ist sehr schwierig für sie, in der Gegenwart zu bleiben, auch wenn diese glücklich ist. Tatsächlich können diese Gewohnheiten im Erwachsenenalter einen gegenteiligen Effekt als in der Kindheit besitzen. Sie werden zu Hindernissen und kommen uns in die Quere, wenn wir andere Dinge tun wollen. Sie haben negative Folgen, aber wir können nicht damit aufhören. Sie sind uns zu vertraut. Wir haben Angst davor, etwas zu tun, was wir uns niemals zuvor zu tun getraut haben.

Die Kraft des Gewahrseins

Regelmäßige Meditationspraxis ist eine gute Möglichkeit, die Kraft des Gewahrseins zu entwickeln, eine Kraft, die schließlich stärker als die Kraft unserer negativen Gewohnheiten werden kann. Die Kraft des Gewahrseins verleiht die Stärke, die Dinge einmal anders anzupacken, und den Mut, über die gewohnten Begrenzungen hinauszugehen.
Viele Jahre lang habe ich unter einem starken Gefühl der Ablehnung gelitten, wenn jemand mich verletzte. Ich habe dann über Tage nicht mit demjenigen, der mich gekränkt hatte, gesprochen oder ihn nicht angesehen. Eines Tages beobachtete ich die Entstehung dieses Musters. Ich sah deutlich, wie ich mich einem anderen gegenüber verschloss. In diesem Moment war die Kraft des Gewahrseins stark genug, um mich zu stoppen und anders zu reagieren. Mich erschreckte das Unbekannte, in das ich mich dadurch begeben wollte, tief, aber ich entschloss mich, über die Angst hinauszugehen, zu lächeln,

mich der anderen Person zuzuwenden und mich nicht vor ihr zu verschließen. Mich überraschte das gute Gefühl im Herzen, das dadurch entstand. Ich fühlte mich so friedlich. Was mich dagegen wirklich schockierte, war die plötzliche Erkenntnis, wie schmerzlich es für Menschen gewesen sein musste, wenn ich sie in der Vergangenheit abgelehnt und zurückgewiesen hatte.

Konzentration und Erkunden zu entwickeln und zu kultivieren lässt Sie Ihre Gewohnheiten deutlicher erkennen. Anfangs bemerken Sie vielleicht erst dann ein Muster, wenn es sich wiederholt. Jemand tut etwas, das Ihnen missfällt – Sie reagieren in gewohnter Weise negativ und werden schnell von der Kraft des Musters überwältigt. Nach dieser negativen Reaktion werden Sie erkennen, dass Sie sich wieder einmal von Ihrem Muster haben einfangen lassen. Aber mit der Zeit werden Sie die Gewohnheit schneller erkennen und sogar Interesse an ihr gewinnen. Es gibt ein Stadium, in dem Sie das Muster nach der Hälfte seines Kreislaufs erkennen, Ihnen kommen die Abläufe dann bekannt vor – doch Sie sind noch nicht imstande, der Kraft Ihrer gewohnheitsmäßigen Gefühle oder Gedanken etwas entgegenzusetzen. Das ist das schwierigste Stadium. Sie wissen, wie negativ und ungeschickt es ist, sich in dieser Weise zu verhalten, aber sie können es nicht ändern. Mit der Zeit wird die Dauer und Intensität dieser Gewohnheit abnehmen, einfach, weil Sie ihrer gewahr sind.

Meditatives Erkunden hilft, die Worte, Gefühle oder Bedingungen zu erkennen, die unsere Gewohnheiten auslösen. Diese klare, fokussierte Aufmerksamkeit ermöglicht es, diese Gewohnheiten bereits am *Beginn* des Kreislaufs zu erkennen und zu stoppen. Wir erinnern uns an die Vier Großen Bemühungen und denken darüber nach. Wir kommen in diesem Moment zurück zu unserem Atem und Körper. Wir untersuchen die Situation und versuchen, uns für die Beteiligten zu öffnen. Danach können wir nach Möglichkeiten Ausschau halten, wie wir von unseren automatischen Reaktionen Abstand nehmen können. Vielleicht machen wir einen Spaziergang, rufen jemanden an, lesen, schreiben oder tanzen. Das schwächt die Kraft des Auslösers, der die Gewohnheit in Gang setzt, und wir betreten den Pfad zur Freiheit. Schließlich werden wir das Muster erkennen können, noch bevor es entsteht, und wir finden die Freiheit, eine andere Richtung zu wählen. Dann öffnet sich unser Herz, und unser Geist klärt sich. Was wir nicht zu hoffen gewagt haben, ist möglich geworden.

ÜBUNG

Atemmeditation

Sitzen Sie in entspannter Haltung mit aufrechtem Rücken auf einem Stuhl oder einem Kissen am Boden, halten Sie Ihre Augen halb geöffnet, fixieren Sie aber nichts.
Wie fühlt es sich an zu atmen? Versuchen Sie, Ihren Atem bewusst wahrzunehmen.
Lassen Sie ihre Aufmerksamkeit ruhig auf Ihrem Ein- und Ausatmen ruhen.
Spüren Sie, dass der einströmende Atem etwas kühler ist. Spüren Sie, dass der ausströmende Atem etwas wärmer ist.
Warten Sie, dass der Atem fließt, und folgen Sie ihm, wenn er kommt und geht.
Kommen gewohnte Gedanken über Pläne für den Tag in Ihnen

hoch, dann kehren Sie sanft, aber beharrlich wieder zum Atem zurück. Erinnern Sie sich daran, dass Sie in diesem Augenblick bewusst und wach sein wollen.

Kommen gewohnte, ungute Gefühle hoch, lassen Sie sie einfach durch sich hindurchziehen, während Sie mit Ihrer Aufmerksamkeit beim Atem verweilen.

Spüren Sie eine Spannung, einen Schmerz im Rücken, so versuchen Sie, dies offen wahrzunehmen, ohne sich damit zu identifizieren. Bemerken Sie, wie der Schmerz kommt und geht, während Sie auf den Atem fokussiert sind.

Wann immer Sie zum Atem zurückkehren, kehren Sie zum vollen Gewahrsein dieses Augenblicks zurück.

Eins mit dem Atem zu sein bedeutet, eins mit dem Leben und der Welt zu sein.

Öffnen Sie am Ende der Meditation wieder vollständig Ihre Augen und spüren Sie Ihren aufgerichteten Körper.

Stehen Sie dann bewusst auf, und versuchen Sie das Gewahrsein, das Sie während der Meditation entwickelt haben, in jede Aktivität und in jede zwischenmenschliche Begegnung an diesem Tag mitzunehmen.

3
Greifen und Festhalten

Nicht-Denken bedeutet, alles mit einem Geist zu sehen und zu kennen, der frei davon ist, nach etwas zu greifen. Wenn Nicht-Denken geschieht, durchdringt es alles und bleibt doch nirgends haften.

DER SECHSTE PATRIARCH HUINENG

Anhaften oder nicht anhaften?

Greifen und Festhalten ist ein ursprüngliches, primitives Muster. Wir haben oft das Gefühl, dass die Welt irgendwie klebrig ist oder dass wir es sind und dass die Dinge an uns hängen bleiben. Jedes Mal, wenn wir durch unsere Sinne in Kontakt mit einem Objekt kommen – einem visuellen Objekt, Geräuschen, Gerüchen, Geschmäcken, Empfindungen oder Gedanken –, dann hat das Muster des Greifens und Festhaltens die Gelegenheit, sich zu manifestieren. Sobald wir zum Beispiel etwas betrachten, identifizieren wir uns damit: »Ich« sehe eine Blume, wird schnell zu »ich« mag diese Blume, »ich« will diese Blume für »mich«. Wir sagen nicht innerlich: »Da ist eine Blume, die Blume existiert, oder die Blume wird wahrgenommen.« Wenn »ich« einen Gedanken habe, sage ich weder zu mir: »Da ist ein Gedanke«, noch erfahre ich es so. Stattdessen ist es sofort »mein« phantastischer Gedanke oder »mein« schrecklicher Gedanke. Ein Problem wird sofort »mein« Problem und das einzige, was in diesem Augenblick in meinem Leben existiert.

Wenn wir nicht mehr greifen und festhalten, dann kann unsere Erfahrung weiter werden, und wir können uns auf die Welt in einer offenen Weise einlassen. Auf diese Weise *reinigen* wir unseren Geist. Diese *Reinigung* hat nichts damit zu tun, perfekt oder heilig zu werden, noch nicht einmal damit, alle *Un*reinheiten loszuwerden. Diese Art der Reinigung bedeutet, mit der Welt in Kontakt zu sein, ohne festzuhalten, sie bedeutet, Ereignissen und Bedingungen zu begegnen, ohne an ihnen zu haften oder von ihnen gestört zu werden.

Durch Identifikation mit dem, was wir wahrnehmen und erfahren, verfestigen wir uns und das Objekt der Wahrnehmung. Dadurch reduzieren wir uns auf das, nach dem wir greifen. Indem wir uns auf das reduzieren, nach dem wir greifen, messen wir dem Objekt eine größere Bedeutung bei als nötig, und dann kleben wir wirklich fest. Wir fühlen uns gelähmt und unfrei. Der Gedanke besitzt mich, anstatt dass ich einen Gedanken habe.

Durch solches Tun und Denken vergrößern wir die Macht eines Gedankens ungemein.

Dieser Mechanismus wird auch an folgendem Beispiel gut deutlich. Ich besitze eine kleine goldene koreanische Schale, die mir sehr viel bedeutet. Weil sie mir gehört und kostbar ist, halte ich sie fest. Körperlich halte ich sie in meiner Hand, ich umschließe sie mit meiner Faust. Wenn ich das eine Zeitlang mache, werde ich einen Krampf im Arm bekommen. Darüber hinaus kann ich meine Hand für nichts anderes benutzen, was bedeutet, dass ich an dem festklebe, was ich festhalte. Die Lösung für dieses Muster des Greifens und Festhaltens liegt natürlich nicht darin, die greifende Hand oder das festgehaltene Objekt loszuwerden. Das wäre zu drastisch. Das Objekt hat nicht danach verlangt, festgehalten zu werden, selbst wenn es durch Werbung und Aufmachung ungemein verführerisch gemacht wurde. Meditation kann mir dabei helfen, die Hand sanft zu öffnen: Das Objekt kann dann in meiner Hand ruhen; darin liegt die Möglichkeit von Bewegung und Freiheit.

Negatives Greifen

Wir greifen auf zweierlei Weise: durch Wollen und durch Zurückweisen. Wenn wir etwas ablehnen und zurückweisen, dann greifen wir danach mit umgekehrtem Vorzeichen, und derselbe Prozess der Identifikation, Verfestigung, Isolation, Begrenzung und des Aufbauschens vollzieht sich. Erinnern Sie sich daran, als Sie das letzte Mal jemanden gehasst haben. Sie konnten es nicht ertragen, diesen Menschen zu sehen. Begegneten Sie ihm zufällig, so fielen Ihnen sofort all seine Fehler auf, und er ging Ihnen ständig im Kopf herum.

Wenn wir ablehnend greifen, dann klammern wir uns eng an das Objekt oder den Menschen und wenden dabei viel Energie auf. Dieser Mechanismus ist der Grund für einiges an Anspannung und Erschöpfung in unserem Leben.

Vor einigen Jahren nahm ich in einem neuen Meditationszentrum in den USA an einem einmonatigen Retreat teil. Wie es dabei üblich ist, musste ich täglich eine Stunde lang arbeiten. Da ich gern Gemüse schneide, entschied ich mich dafür, um acht Uhr morgens zu arbeiten und das Gemüse für das Mittagessen, unsere tägliche Hauptmahlzeit, vorzubereiten. Es gab dreißig Retreat-Teilnehmerinnen und Teilnehmer, so dass eine Menge Gemüse zu schneiden war.

Ich habe einen schwachen Magen und kann überhaupt keine Paprika essen – doch unsere Köche schienen eine große Vorliebe gerade für dieses Gemüse zu haben, und so wurde ich jeden Tag von dem Anblick eines neuen Berges von Paprikaschoten begrüßt. Ich wusste dann auch, dass es mindestens ein Hauptgericht gab, das ich nicht würde essen können. Da sich das täglich wiederholte, hatte ich ausreichend Gelegenheit, mich aufzuregen. Ich bemerkte, dass ich die Wahl hatte, nach den Paprikaschoten zu greifen oder nicht, sie als Hindernis für meine Meditation zu identifizieren oder nicht.

Eines Nachmittags beobachtete ich, wie die Wolken am Himmel dahinzogen. Da erkannte ich, dass die Paprikaschoten für mich wie die Wolken am Himmel sein könnten. Ich könnte ihrem Anblick in ebenso offener Weise begegnen wie den Wolken. Die geistige Sammlung ermöglichte es mir, eine innere Weite zu finden, wenn ich mit den Paprikaschoten in Kontakt kam, und das Erkunden half mir, die negativen Konsequenzen zu erkennen, die mein Greifen hatte. So konnte ich mit ihnen in leichterer Weise umgehen.

Als ich aus Korea zurück in Europa war und dann in England in einer buddhistischen Gemeinschaft lebte, war ich dort zehn Jahre lang für die Reinigung des Hauses zuständig. Zu den gefürchtetsten Momenten gehörte für mich das Reinigen der Bäder, speziell der Toiletten: Was würde ich in der Toilettenschüssel vorfinden? Wenn dort noch Reste waren, wandte ich mich in großem Ekel ab und spülte sie schnell hinunter. Eines Tages, während eines gemeinschaftlichen Meditations-Retreats, begann ich wie üblich meinen Putzjob. Ich kam ins Bad, war sehr ruhig, hob den Toilettendeckel und sah einen großen, braunen Haufen in der Schüssel liegen. Diesmal regte ich mich nicht auf. Ich nahm ihn sorgfältig mit Interesse und Unvoreingenommenheit wahr und sah, dass er nur Materie war – nicht mehr und nicht weniger. Ich spülte ihn hinunter, da es mein Job war, ihn wegzuschaffen.

In diesem Moment gab es keinen Aufruhr in mir – nur Klarheit und Offenheit. Es gab auch keine Übertreibung. Die Meditation hatte in mir die innere Weite geschaffen, aus der heraus ich die Dinge anders sehen konnte.

Das Problem haben wir nicht mit einer Sache als solcher, sondern mit deren Übertreibung als etwas Schreckliches.

Das konnte ich ebenfalls ganz deutlich sehen, als meine Großmutter krank und inkontinent war. Ich kümmerte mich einige Tage allein um sie, und eines Morgens hatte sie auf dem Teppich in ihrem Schlafzimmer überall kleine Häufchen hinterlassen. Als ich ins Zimmer kam, um ihr aufzuhelfen, sah ich diese nicht, trat hinein und verteilte alles überall hin, bis ich schließlich merkte, was sie getan hatte und was ich. Für einen Moment fühlte ich mich wie gelähmt und spürte den gewohnten inneren Aufruhr an Panik, Wut und Hilflosigkeit angesichts einer unerwarteten und schwierigen Situation. Doch ich erkannte, dass er unnötig war. Ich brauchte ihn nicht, und er würde mir auch nicht helfen, besser mit der Situation umzugehen. Im Gegenteil, er würde alle Weisheit und alles Mitgefühl abtöten.

Ich maß dem, was ich da vor mir sah, keine zu große Bedeutung bei, sondern entschied mich, die Situation so zu bewältigen, wie sie war. Ich erkannte, dass man sogar mit einer solchen Situation geschickt und mitfühlend umgehen kann. Es war nur notwendig, eins nach dem anderen zu erledigen – zuerst die Großmutter waschen, dann das Schlafzimmer putzen, danach das Esszimmer und zum Schluss die Küche. Ich war überrascht, dass ich all das in einer Stunde geschafft hatte, ohne mich abzuhetzen. Wenn ich nicht festhielt und nicht übertrieb, dann konnte ich, so meine Erfahrung in dieser Situation, effizienter und entspannter sein.

Der Welt der Sinne begegnen

Unsere Begegnung mit der Welt geschieht auf mehreren Ebenen: Wir sehen eine Blume, wir erkennen sie als eine Blume, wir sehen ihre Farbe, wir fühlen ihre Blütenblätter, und wir können ihren Duft riechen.

Doch können wir, wenn wir etwas sehen, es wirklich sehen, ihm auf eine nicht festhaltende, nicht übertreibende Weise begegnen? Wenn wir uns mit dem Gesehenen in irgendeiner Weise identifizieren, ergibt sich daraus der Prozess des Greifens und Festhaltens – gefolgt von Abgrenzung, Beschränkung, Aufbauschen und Übertreiben.

Wenn ich in einem Schaufenster ein schickes, aber teures

Kleid sehe, sehe ich es dann als Kleid, das total »in« ist und das »ich« unbedingt haben muss, um mich besser zu fühlen und meine Freundinnen zu beeindrucken? Oder sehe ich es als schickes, farbenfrohes, gut geschnittenes Kleid, das ich anprobieren könnte, wenn ich das nötige Geld und die Zeit dazu habe? Im ersten Fall werden sich viele Gedanken und Gefühle um dieses Kleid ranken. Im anderen Fall wird mehr Leichtigkeit und Offenheit vorhanden sein, da wir dem Objekt nicht so besessen begegnen. Unsere Identität hängt schließlich nicht davon ab, ob wir es kaufen und besitzen.

Als Zen-Nonne besuchte ich regelmäßig zwei koreanische Zen-Meister. Bemerkenswert an ihnen war für mich, dass sie nie angespannt wirkten. Ich nahm eine große innere Weite an ihnen wahr. Oft kam ich mit etwas zu ihnen, das mich belastete, doch es verflüchtigte sich während meines Besuchs. Ihre innere Weite und Offenheit, ihr »Nicht-Festhalten« schienen ansteckend zu sein. Uns kann es auch so gehen, wenn wir nach nichts greifen und unser Herz offen ist. Wir können dann dem Augenblick kreativ begegnen und uns ganz auf ihn einlassen.

Sehen

Im Jahr 2004 kehrte ich nach vielen Jahren wieder einmal nach Korea zurück. Alles hatte sich verändert, Hochhäuser waren überall aus dem Boden geschossen, selbst auf dem Gelände eines kleinen Tempels in einem Außenbezirk von Seoul, der

einem befreundeten Mönch gehörte. Dieser Tempel hatte sich einmal in ländlicher Umgebung, inmitten von Hügeln und Kiefernwäldern, befunden. Im Hintergrund waren zwar immer noch die grünen Hügel zu sehen, doch vorne blickte man nun auf hohe Gebäude, die zehnmal höher als der Tempel waren. Ich wunderte mich, wie mein Freund dort leben konnte.
Doch es wäre natürlich sinnlos und schmerzlich, diese Hochhäuser zu hassen, weil sie dort nicht mehr verschwinden werden. Mein Freund sieht sie stattdessen als das, was sie sind, groß und hoch mit einer Menge von Menschen darin, die eine Wohnung brauchen und ebenfalls die Buddha-Natur, das Potenzial des Erwachens, besitzen.
Meditation ermöglicht es, hinter die einfache, unmittelbare Erscheinung der Dinge, auf die Bedingungen ihres Entstehens zu schauen. Dadurch wird unser Kontakt mit der Welt reicher und vielfältiger.
Während eines Retreats in Massachusetts unternahm ich jeden Tag auf den verschneiten Pfaden lange meditative Spaziergänge. Im Wald wuchsen hier und da Birken. Ich liebe diese Bäume, sie sind so hochgewachsen, aufrecht und weiß. Ich schaute sie mir an, wie sie im Schnee standen. Für eine Weile kommunizierte ich mit ihrer Schönheit, ohne dass dies in meinem Geist etwas in Bewegung setzte, doch dann begann ich, festzuhalten und es ausufern zu lassen. »Hmm, ich mag diese Bäume einfach. Es wäre schön, sie in meinem Garten zu haben. Der müsste eigentlich groß genug dafür sein. Wo kann ich solche Bäume herbekommen? Vielleicht gibt es sie in dem Gartencenter in der Nähe von Bordeaux?« – Zu diesem Zeitpunkt war ich schon nicht mehr bei den Bäumen, ich war in Frankreich, in der Zukunft.

Ich will damit keineswegs sagen, dass wir Schönheit nicht wahrnehmen und wertschätzen sollten, sondern dass Wahrnehmung und Wertschätzung verschwinden, sobald wir greifen, festhalten und planen, denn das Greifen, Festhalten und Planen entfernt uns von der eigentlichen Erfahrung.

Was wir in Bezug auf sichtbare Dinge oftmals tun, ist, visuell nach etwas zu greifen, was gar nicht da ist. Das ist besonders schädlich: Im Jahr 2000 zogen mein Mann und ich von England nach Frankreich. Unser neues Haus musste renoviert werden. Im Dachgeschoss richteten wir das Büro meines Mannes und einen kleinen Meditationsraum ein, aber wir benötigten eine Treppe, um in diese Räume zu gelangen. Ich hatte die Vision von einer wunderschönen Holztreppe. Es war jedoch schwierig, einen guten Zimmermann zu finden, und in unserer Verzweiflung fragten wir den einzigen, den wir finden konnten. So bekamen wir nicht die erträumte Treppe, sondern eine sehr funktionale aus Kiefern mit steilen Stufen.

Wann immer ich sie benutzte, hatte ich ein zwiespältiges und eher widerwilliges Gefühl, bis ich dem Aufmerksamkeit schenkte. Ich bemerkte, dass ich jedes Mal, wenn ich sie sah, de facto zwei Treppen nah beieinander sah – die eine, die da war, und die andere, erträumte, die nicht da war. Ich begegnete der vorhandenen Treppe nicht, wie sie war, sondern wie sie hätte sein sollen. Die Enttäuschung war also vollkommen selbstgeschaffen und unnötig. Sobald ich nun erkannte, dass ich nach etwas griff und an etwas festhielt, was nicht da war, konnte ich loslassen und friedlich die bescheidene Treppe hinaufsteigen. Sie erfüllte ihre Aufgabe immerhin gut.

Nehmen Sie wahr, wenn Sie nach etwas greifen oder etwas festhalten wollen, das nicht da ist. Gehen Sie vielleicht auch mit einer doppelten Sicht auf die Dinge umher? Es ist schmerzlich, so zu leben, denn es schafft in Ihrem Leben ein unterschwelliges Gefühl der Enttäuschung.

Eines der Dinge, an denen wir vielleicht festhalten, ist unser Aussehen. Wir haben meist eine bestimmte Vorstellung davon, wie wir aussehen, und sind dann beim Blick in den Spiegel ganz überrascht, feststellen zu müssen, dass das Spiegelbild nicht mit unserem vorgestellten Bild übereinstimmt. Es kann sogar gefährlich sein, an einem solchen vorgestellten Bild festzuhalten. Magersucht scheint von einer extremen Form des Festhaltens an dieser Sicht herzurühren. Die magersüchtige Person hat eine falsche, verzerrte Körperwahrnehmung. Das, was sie im Spiegel sieht, entspricht nicht dem Bild in ihrem Kopf. Um diese beiden Körperbilder in Übereinstimmung zu bringen, hungert sie. Dies ist sicher ein extremes Beispiel, doch viele von uns erleben Varianten einer solchen verzerrten Körperwahrnehmung.

Lauschen

Einer der permanenten Stressfaktoren des modernen Lebens ist Lärm: Umgebungslärm, Straßenlärm, Lärm von anderen Menschen.

Als wir nach Frankreich zogen, gab es im Garten einen großen Betonbrunnen, den wir entfernen lassen wollten, doch die Wände waren extrem dick, und so musste ein Arbeiter sie mit einem Presslufthammer aufbrechen. Es war ein wunderschö-

ner Tag, als der Arbeiter kam, und ich wollte im Garten arbeiten, ganz in seiner Nähe. Doch der Lärm war so durchdringend, dass ich mich entschied, mit meditativem Lauschen zu experimentieren.
Bei dieser Meditation lauscht man den Geräuschen, ohne sie zu analysieren, sie zu benennen, nach ihnen zu greifen oder sie zurückzuweisen. Man folgt dabei nicht den Geräuschen, sondern lässt sie zu sich vordringen. Sobald sie aufkommen, fokussiert man sich mit einem weit offenen Gewahrsein darauf.
Diese Meditation habe ich in meinem Garten praktiziert. Als ich die Blumenzwiebeln ausgrub, versenkte ich mich in die Geräusche des Presslufthammers. Es war ein sehr allumfassendes Geräusch, aber es war nicht nur ein Geräusch. Als ich dem wirklich Aufmerksamkeit schenkte und intensiv lauschte, konnte ich hören, wie diese Geräusche sich fortwährend veränderten. Ich bemerkte, dass ich mehr Gelegenheiten hatte, mich gestört zu fühlen und an dem ohrenbetäubenden Lärm festzuhalten, wenn ich mich von ihm abwandte und meine Blumenzwiebeln einsetzen wollte. Kehrte ich wieder zu ihnen zurück und versenkte mich in die Geräusche, ging es mir gut. Die fokussierte Aufmerksamkeit ermöglichte mir, den Lärm in großer innerer Weite zu erfahren. Doch sobald ich eine Trennung zwischen mir und den Geräuschen schuf und mich von ihnen abgesondert fühlte, entstanden Bewertungen und Abneigung. Ich konnte ganz deutlich sehen, dass ich eine Wahl hatte – Raum innerhalb des Lauschens zu schaffen oder mich und die Geräusche als zwei getrennte Dinge zu verstehen und zu fixieren, wodurch Enge und Anspannung entstanden.
Einmal unterwies ich eine Gruppe in Meditation, als ein Nachbar plötzlich bei lauter Rockmusik den Rasen zu mähen

begann. Ich lud die Menschen zum meditativen Lauschen ein. Am Ende des Tages sagten mir einige, dass sie sich durch den Lärm furchtbar gestört gefühlt hätten, während andere erzählten, dass sie sich sehr offen und weit gefühlt hätten, nachdem sie sich für die Geräusche geöffnet hätten. Die Geräusche waren für alle die gleichen gewesen, ihre Haltung zu den Geräuschen aber machte den Unterschied aus. Einige, die in negativer Weise nach den Geräuschen gegriffen hatten, hatten das Gefühl, dass diese in ihren Raum, in ihr Bewusstsein eindrangen. Für sie waren die Geräusche zutiefst unangenehm. Die anderen, die sich den Geräuschen mehr öffnen konnten, schwächten dadurch deren ruhestörende Macht.

Wir müssen darauf achten, Meditation nicht mit dem Sitzen in einem stillen Raum gleichzusetzen. Ich heiße jedes Geräusch, wenn ich meditiere, als Werkzeug des Gewahrseins willkommen. Es hilft mir, im Sitzen, Stehen, Gehen und Lauschen zum gegenwärtigen Moment zurückzukehren und mich lebendig zu fühlen. Lausche ich meditativ, dann sind Geräusche nicht störend. Sie werden Teil der Musik des Lebens. Sie erinnern mich an meine Verbindung zur Welt.

Auf der anderen Seite müssen wir vorsichtig damit sein, eine laute Umgebung nicht als Mittel zu nutzen, um uns davon abzubringen, uns unserer Gedanken, Gefühle und Empfindungen bewusst zu werden und ihnen zu lauschen. Die moderne Welt scheint so voller Geräusche und Musik zu sein, um uns abzulenken oder einzulullen, dass Stille dann durchaus bedrohlich wirken kann. Wie können wir Freiheit und Wohlbefinden sowohl im Lauschen der Stille als auch im Lauschen der Geräusche des Lebens erlangen?

Einflussreiche Worte

Wann immer jemand etwas zu Ihnen sagt, versuchen Sie wahrzunehmen, wie sehr Sie von diesen Worten beeinflusst werden. In einem Augenblick geht es Ihnen gut, im nächsten sind sie wütend auf jemanden, der ihnen zwar persönlich nichts getan hat, doch über den eine Freundin ihnen ständig in den Ohren liegt. Wenn Ihnen jemand etwas Negatives über eine andere Person erzählt, wird Sie das beeinflussen, es sei denn, Sie sind sehr stark. Kritisiert jemand Sie wiederholt, müssen Sie schon außergewöhnlich selbstbewusst sein, um nicht von diesen Worten negativ beeinflusst zu werden und sich schlecht zu fühlen. Es ist eines der Geschenke der Meditation, Ihnen dabei zu helfen, stabil und beständig präsent zu sein. Sie ermöglicht Ihnen, so geerdet zu sein wie ein Berg und zur selben Zeit so unermesslich weit wie ein Ozean. Diese Qualitäten sollten wir zu kultivieren versuchen, wann immer wir einem anderen Menschen zuhören.

Einmal warf mir jemand bei einem Treffen vor, rechthaberisch zu sein, und sagte mir wiederholt, ich solle aufhören, immer alles zu organisieren. Es war sehr schmerzlich, das zu hören, doch ich nahm es an und versuchte, mich deswegen nicht schlecht zu fühlen, sondern die Situationen zu betrachten, in denen es sinnvoll war, zu organisieren, und solche, in denen es besser war, dies nicht zu tun. Als ich diese Gewohnheit von mir untersuchte, konnte ich sehen, dass ich sehr praktisch und bodenständig war, was oft sehr passend sein konnte. Doch übertrieb ich es, dann konnte das auf andere sehr störend wirken, was mich wiederum gereizt und angespannt werden ließ.

Ein anderes Mal beschuldigte mich ein Mitarbeiter in sehr harten Worten aller möglichen Dinge. Während er sprach, wurde mir klar, dass dieser Ausbruch nichts mit irgendetwas zu tun hatte, was ich gesagt oder getan hatte. So hörte ich ohne inneren Aufruhr zu, denn ich konnte mich mit dem Gesagten nicht identifizieren. Zur gleichen Zeit konnte ich sehen, wie er in Fahrt war und dass nichts, was ich sagen könnte, ihn stoppen würde, und so wartete ich, bis er zu Ende geredet hatte. Am Ende seiner Attacke sagte ich ruhig, dass ich nicht seiner Meinung sei, und ging. Später entschuldigte er sich bei mir, und ich nahm seine Entschuldigung an.
Was kann Ihnen helfen, ruhig und offen zu bleiben? Unter welchen Bedingungen sind Sie stark und zuversichtlich, unter welchen nicht? Die geistige Sammlung in der Meditation wird Ihnen helfen, allgemein ruhiger zu werden und sich stärker und stabiler zu fühlen. Wenn Sie das Erkunden kultivieren, wird Sie das befähigen, Situationen nicht mehr in einer eindimensionalen, sondern in einer mehrdimensionalen Weise zu begegnen. So können Sie kreativ antworten und reagieren.

Riechen

Auch nach Düften und Gerüchen können wir greifen und sie festhalten. Wenn unser Riechsinn gut funktioniert, dann eröffnet sich uns ein wahrer Reichtum an Gerüchen. Das kann ein großes Geschenk sein, wenn wir aufmerksam dafür sind. Wir können uns zum Beispiel am berauschenden Duft von

Blumen erfreuen, dem würzigen Parfüm eines nahen Freundes oder dem intensiven Geruch von frischgebackenem Brot. Durch Meditation können wir uns der Gerüche bewusster werden. Wenn wir nicht nach ihnen greifen, werden sie für uns präsenter.

Ich probiere gern neue Sachen aus und liebe Parfüms und Düfte, doch ich reagiere allergisch auf Parfüm und kann keins auf meiner Haut vertragen. Wann immer ich an einem Flughafen durch die Parfümabteilung des dortigen Duty-Free-Shops gehe, werde ich von diesen beiden kombinierten Mustern von Ausprobieren und Anziehung herausgefordert. Komme ich durch meinen Riechsinn in Kontakt mit den Parfüms, ist die Versuchung, sie auszuprobieren und aus Spaß etwas auf mein Handgelenk zu sprühen, groß. Ich kann den starken Impuls, das zu tun, deutlich spüren, es ist wie ein Sog. Meine Flughafen-Meditation ist es dann, der Verlockung der Düfte zu widerstehen und mir ihrer gleichzeitig voll bewusst zu sein. Das ist der Test, den Gerüchen zu begegnen und sie wahrzunehmen, ohne sie besitzen zu wollen, ohne nach ihnen zu greifen und sie festzuhalten.

Wir können auch mit unangenehmen Gerüchen praktizieren. Eine Nachbarin von mir verbrennt regelmäßig Plastikabfall in ihrem Garten. Wir haben sie gebeten, das nicht zu tun, doch es scheint das Einzige zu sein, was sie gesetzeshalber mit dieser Art Plastikmüll tun darf. So ist das zu meiner Geruchsmeditation geworden. Wenn der Geruch des verbrennenden Plastiks zu mir herüberweht, nehme ich wahr, wie er kommt und geht. Ich übertreibe ihn nicht– bin allerdings, wie wohl jede und jeder andere auch, froh, wenn das Feuer niedergebrannt ist und ich wieder frische Luft atmen kann.

Essen

Auch beim Essen vollzieht sich der Prozess des Greifens. Wir essen ein Stück Schokoladenkuchen, und es fällt uns schwer, nicht noch ein zweites zu essen, wenn wir die Möglichkeit dazu haben. Wie oft aber haben wir uns hinterher schwer und vollgestopft gefühlt und es bereut, mehr gegessen zu haben, als unser Magen gut verdauen kann.

Das ist eine schwierige Gewohnheit, denn sie hat auch mit unseren Überlebensmustern zu tun. Wir müssen essen. Mit der Zeit können wir gesündere Essgewohnheiten entwickeln; indem wir uns bewusst sind, was wir essen und wie viel. Doch wir können auch destruktive Essgewohnheiten entwickeln, indem wir zu viel oder zu wenig oder die für unseren Körper falschen Dinge essen.

Leider ist es sehr leicht, zu viel zu essen, mehr zu essen, als der Körper braucht. Auch dies geschieht durch den Mechanismus des Greifens. Sie können es an kleinen Kindern sehen – sie essen das, was sie mögen, so lange, bis ihnen schlecht wird. Wenn Sie zu viel von etwas essen, dann greifen Sie nach dem guten Geschmack, den sie erfahren, doch sie greifen auch nach der Vorstellung von Glück, die mit dem Geschmack verbunden ist. Wenn Sie allerdings meditativ essen, dann werden Sie der Farben, der Gerüche, der Konsistenzen und Geschmäcker der Speisen gewahr. Sie sind sich jedes Bissens bewusst. Sie müssen sich nicht mit Essen abfüllen, sondern Sie essen in voller Bewusstheit.

Nach Neuem greifen

Essen kann uns auch etwas über das Greifen nach Neuem lehren – und wie kräftezehrend das sein kann.
Sie haben vielleicht eine Lieblingsspeise, die Sie lange nicht mehr gegessen haben. Eines Tages essen Sie sie wieder, und es ist, als äßen Sie sie zum ersten Mal. Es ist eine wunderbare Erfahrung – ein wunderbarer Geschmack. Sie haben das Gefühl, Sie hätten dieses Gericht noch nie zuvor in dieser Weise erfahren. Sie bereiten das Gericht wieder, in genau der gleichen Weise, zu, oder Sie gehen in dasselbe Restaurant, aber die Erfahrung ist nicht die gleiche. Sie können dieses unbeschreibliche Etwas, das die Speise am anderen Tag noch hatte, nicht wiederentdecken. – Was Sie nicht wiederentdecken können, ist die *neue* Erfahrung. Sobald Sie etwas neu erfahren haben, wird es nie mehr neu für Sie sein.
Der thailändische buddhistische Lehrer Ajahn Chah sagte, dass Delikatessen wie Bambussprossen oder Spargel, täglich gegessen, ganz schnell keine Delikatessen mehr für uns wären. Wir würden uns daran gewöhnen und nach etwas anderem, etwas Neuem Ausschau halten.
Wir versuchen fortwährend, aufregende, neue Dinge zu finden und dann zu den nächsten und wieder nächsten überzugehen, denn eins nach dem anderen wird zu einer alten Erfahrung. Wenn wir sie wiederholen wollen, erfahren wir aber nicht mehr das Besondere der ersten Begegnung, des ersten Augenblicks. Können wir uns von einem Muster der ständigen Stimulierung weg- und zu einer wertschätzenden Reaktion hinbewegen? Jeder Augenblick des Lebens ist ein Mysteri-

um; wir sind fähig, zu atmen, zu sehen, zu hören, zu riechen und zu schmecken. Wir sind komplexe, in diesem Moment lebendige Organismen. Können wir die Schönheit des reinen Mysteriums dieses Lebens wiederentdecken?

Meine fünfjährige Nichte lebte mit meiner Mutter einmal eine Zeitlang in der Wohnung unter uns. Eines Abends tauchte sie plötzlich bei uns auf, als wir uns nach unserer Gartenarbeit bei klassischer Musik ausruhten. Sie sah uns an und sagte, dass sie nun tanzen werde. Dann tanzte sie eine halbe Stunde lang zur Musik von Schubert, und wir sahen ihr dabei zu. Sie überprüfte oft, ob wir auch aufmerksam nach ihr schauten, und wir genossen es, ihrem Tanzen zuzusehen, der Musik zu lauschen und dabei ruhig auf dem Sofa zu sitzen. Es war ein ganz besonderer Moment zwischen ihr und uns, sehr liebevoll, warm und wertschätzend. Dann ging sie, um zu essen und ins Bett zu gehen. Am nächsten Tag kam sie wieder zu uns und wollte, dass ich Musik auflegte, zu der sie tanzen konnte. Sie versuchte zu tanzen, aber diesmal ging es irgendwie nicht richtig, und ich musste mehrere Male die Musik wechseln. Doch auch dann ging es immer noch nicht. An den folgenden Tagen versuchte sie es erneut. Sie wollte die Schönheit des vergangenen Momentes wiederentdecken. Doch dieser eine Moment war unwiederholbar vergangen.

Wir müssen aufpassen, dass wir nicht versuchen, eine neue Erfahrung mit alten Zutaten auszustatten. Jeder Augenblick kann ein neuer aufregender Moment sein, aber nur wenn wir uns ihm von neuem öffnen. Jede Aktivität, die wir mögen, jede Speise, die wir gern essen, können wir genießen, wenn wir nicht in einer fixierenden Weise nach ihr greifen.

ÜBUNG

Meditatives Lauschen

Versuchen Sie, so stabil wie ein Berg und so weit wie der Ozean zu sitzen.
Lauschen Sie den aufkommenden Geräuschen.
Malen Sie sich die Geräusche nicht aus, benennen oder analysieren Sie sie nicht.
Lauschen Sie nur mit weit offenem Gewahrsein.
Lassen Sie die Geräusche zu Ihnen vordringen und Ihr Trommelfell berühren.
Begeben Sie sich in das Geräusch hinein und beobachten Sie, wie es sich verändert.
Wenn keine Geräusche da sind, lauschen Sie und verweilen Sie in diesem Augenblick der Stille.
Beobachten Sie, wie Geräusche aufgrund bestimmter Bedingungen entstehen und aufgrund anderer wieder vergehen.
Greifen Sie nicht nach einem Geräusch.
Weisen Sie keins zurück.
Seien Sie der Geräusche gewahr, wie sie kommen und gehen.
Öffnen Sie sich für die Musik der Welt in diesem Augenblick, an diesem Ort.
Nehmen Sie in Ihrem Alltagsleben wahr, welche positiven und negativen Gewohnheiten Sie in Bezug auf das Lauschen haben.
Was hilft Ihnen, vollständiger, mit größerer innerer Weite zu hören?
Wie können Sie sich selbst helfen, wenn Sie an einem sehr lauten Ort sind? Müssen Sie einen ruhigeren Ort finden oder

auf Ohrstöpsel zurückgreifen? Oder können Sie sich in anderer Weise mit diesen Geräuschen arrangieren?
Schauen Sie, ob Sie lernen können, sich frei zwischen Stille und Geräuschen zu bewegen.

4
Geistige Gewohnheiten

Der Geist geht allen Erfahrungen voran,
er führt sie an,
er macht sie.

DER BUDDHA

Im Griff der Gedanken

Wenn wir meditieren, werden wir uns unserer Gedankenmuster bewusst. Wir bemerken, wie sie uns beeinflussen und steuern. Es ist natürlich wundervoll, dass wir als menschliche Wesen fähig sind, zu denken, uns etwas vorzustellen, zu planen, zu unterscheiden. Das sind unserem Geist innewohnende Funktionen. Und wir können uns glücklich schätzen, sie zu besitzen. Doch oft greifen wir nach einem Gedanken und identifizieren uns mit ihm, wenn er uns durch den Kopf geht. Wir folgen ihm, bis es so scheint, als verfolge er uns. Wir verrennen uns leicht in bestimmte Gedanken. Manchmal können uns Gedanken sogar physisch lähmen.
Als mein Mann und ich uns entschieden hatten, in Frankreich zu leben, nachdem wir dreißig Jahre in anderen Ländern ver-

bracht hatten, ahnte ich nicht, wie viel Papierkram damit verbunden sein würde.

Eines Tages fühlte ich mich von dieser bürokratischen Situation sogar vollkommen überfordert: Nachdem ich ein Jahr lang vergeblich versucht hatte, mich medizinisch abzusichern, übergab ich eines Tages der verantwortlichen Mitarbeiterin der nationalen Krankenversicherung die Unterlagen, von denen ich glaubte, dass es jetzt endlich die richtigen wären. Nachdem sie sie sorgfältig studiert hatte, sagte sie mir, sie wären unvollständig und könnten so noch nicht weiterbearbeitet werden. Sie fügte hinzu, dass ich in zwei Wochen wiederkommen könne. Danach stand ich fassungslos und wie gelähmt draußen auf dem Bürgersteig und fühlte mich vollkommen hoffnungslos und entmutigt.

Mir gingen Gedanken durch den Kopf wie: »Das ist hoffnungslos. Ich kann das nicht. Das wächst mir über den Kopf. Wir werden nie eine Krankenversicherung bekommen.« Glücklicherweise verschaffte sich meine Vernunft wieder Geltung, und ich begann, diese Gedanken und Gefühle mit meditativem Gewahrsein zu untersuchen. Das schuf einen Raum, in dem der Würgegriff der Machtlosigkeit sich langsam löste und mir andere Möglichkeiten in den Sinn kamen: »Einen Augenblick. Ich bin nicht dumm. Ich kann ein Formular ausfüllen. Ich muss es nur tun, stetig, sorgfältig und geduldig.« Das war der Wendepunkt in meiner Formularausfüllens-Odyssee. Seitdem fülle ich Formulare leichteren Herzens aus.

Was mich danach noch sehr nachdenklich machte, war die bezwingende Wirkung, die das Greifen nach dem Gedanken »das ist hoffnungslos« auf meinen ganzen Körper hatte. Ich stand starr und bewegungslos für einige Minuten auf dem Bürgersteig, und die Leute mussten um das Hindernis, das ich darstellte, herumgehen. Es war für mich sehr schmerzlich und entwürdigend, mich auf die eine Gedankenreihe reduziert zu sehen: »Das ist hoffnungslos. Ich bin hoffnungslos, alles ist hoffnungslos.« Wenn man an diesen Gedanken festhält, gibt es keinen Ausweg, man steckt fest und gerät immer tiefer in dieses Gefühl hinein. Indem man nach diesen Gedanken greift, hält man das Leben davon ab, zu fließen, sich zu wandeln und schöpferisch zu sein. Meditation half mir, denn sie brachte mich in diesem Augenblick zur Fülle des Lebendigseins zurück. Ich bin mehr als meine Gedanken. Ich habe Fähigkeiten, die aktiviert werden können: Ich kann lesen, ich kann schreiben, und ich kann es erneut versuchen.

Oft kommen mehrere Gewohnheiten zusammen, um gewisse Situationen zu verschlimmern. Ich beispielsweise bin erstens keine Freundin der Bürokratie und des Ausfüllens von Unterlagen, und ich möchte zweitens, dass die Dinge schnell und effizient geschehen. Beides in Kombination lässt mich sehr stark reagieren, wenn ich mich der Bürokratie ausgesetzt sehe. Je mehr ich aber an dem hafte, was das Selbst mag und will, desto mehr reagiere ich auf jedes diesbezügliche Hindernis. Eigentlich war ich einigermaßen gesund. Ich hatte genügend Geld, um die Medikamente zu kaufen, die ich brauchte – die Krankenversicherung konnte also noch weitere zwei Wochen auf sich warten lassen, sogar noch einen Monat oder zwei. Unsere Vorstellung ist es oft, dass die Dinge jetzt zu geschehen haben, sonst haben wir das Gefühl, das Ende der Welt sei nahe. Das Problem liegt aber nicht so sehr im Hindernis oder der Hürde, die uns im Weg steht, sondern in unserem Festhalten an Vorstellungen, wie die Dinge sein oder wie sie geschehen sollten. Dies hindert uns daran, uns an die Umstände anzupassen und kreativ, anstatt rein automatisch, auf sie zu reagieren.

Fragen

Wir können schon verloren haben, noch bevor wir ein Projekt begonnen haben, allein durch den Gedanken: »Ich kann das nicht. Ich kann damit nicht umgehen.« Wenn wir uns das immer wieder sagen, stehen wir unter der Macht eines negativen geistigen Musters. Wenn sich die Gewohnheit verstärkt, wird sie zu einer Art Krankheit und hält uns tatsächlich davon ab, leistungsfähig zu sein und uns Wahlmöglichkeiten zu erhalten.
Ich sah in einer Fernsehshow eine Frau, die kaufsüchtig war. In der Show gab man ihr die Aufgabe, in einen Laden zu gehen und nichts zu kaufen. Sie hatte aber den Gedanken, dass sie einkaufen *musste,* und als sie versuchte, es nicht zu tun, hatte das direkte körperliche Auswirkungen auf sie. Ich sah die Macht des Verlangens in ihren Augen, die wild umherblickten und angezogen von dem waren, was sie nicht kaufen durfte.
Wenn wir durch meditatives Fragen innere Weite in uns schaffen, dann kann uns das helfen, zu einem gesunden Funktionieren und Agieren unserer Sinne und unseres Denkens zurückzufinden.

Wir können eine positive, kreative Geisteshaltung des Fragens mit Hilfe einer einzigen Frage entwickeln: *»Was ist das?«* Wenn wir dies in der Meditation tun, dann suchen wir nicht nach einer Antwort, wir spekulieren nicht, analysieren nicht oder untersuchen es nicht wissenschaftlich. (Eine ausführlichere Beschreibung des meditativen Fragens finden Sie am Ende dieses Kapitels). Wir öffnen uns lediglich für den Augenblick in seiner ganzen Vielfalt von Möglichkeiten. Wir werfen die Frage mit offenem Gewahrsein in den ganzen Augenblick: »Was ist das?« Wir versuchen eine Weile, bei dem Gefühl des Fragens zu bleiben, das entstand, als wir die Frage stellten. Sobald es sich auflöst, stellen wir die Frage erneut: »Was ist das?« Die Frage ist wie ein Sprungbrett, das uns hilft, in ein Meer des Staunens einzutauchen.

Indem Sie die Frage als Fokus Ihrer Aufmerksamkeit nehmen, entwickeln Sie Konzentration, geistige Sammlung, und damit auch eine gewisse Ruhe und innere Weite. Wenn Sie diese Frage in einer lebendigen Weise stellen, so wie ein Kind, das staunt, wenn es etwas zum ersten Mal sieht, dann entwickeln Sie Klarheit, und Ihr ganzes Wesen beginnt zu strahlen. Meditieren Sie so, dann wird Ihr Geist mit der Zeit flexibler, und Sie werden erkennen, dass Sie mehr Handlungs- und Verhaltensmöglichkeiten haben, als Sie jemals dachten.

Sie können in der Meditation kreativ mit Gedanken umgehen, indem Sie wahrnehmen, was Sie denken, und erkennen, dass Sie einem neuen Gedanken begegnet sind. Taucht ein Gedanke in Ihnen auf, ohne dass Sie meditieren, dann ist er meist so schnell und nah, dass Sie ihm nicht fragend begegnen können, meist noch nicht einmal sein Entstehen bemerken. Sie denken ihn einfach und handeln dann, dem folgend, was er

Ihnen zu tun, zu handeln oder zu sagen, zu diktieren scheint. Wenn Sie meditieren, in Stille sitzen und sich auf die Frage »Was ist das?« fokussieren, bemerken Sie, was Sie vom Fokus wegbringt: Im Allgemeinen sind es irgendwelche anderen Gedanken. Die Meditation soll Sie nicht vom Denken abhalten, sondern Ihnen helfen, zu entdecken, was Sie denken und wie Sie denken.

Innere Sprache

Wenn Sie sich anschauen, wie Sie denken, dann werden Sie die Sprache bemerken, in der die Gedanken in Ihrem Kopf ausgedrückt werden. Sie sprechen die meiste Zeit zu sich selbst. In Ihrem Kopf läuft ein fortwährender Kommentar ab. Wie sieht dieser Kommentar aus? Wie drückt er sich aus? Es ist interessant, sich anzusehen, welches Gefühl, welchen Geschmack, welche Farbe er hat. Ist er hell oder dunkel? Ist er oberflächlich oder tief? Düster oder freudvoll? Grau oder strahlend? Welche Struktur hat der Gedankenstrom?
Benutzen Sie in Ihrem Geist eine Sprache, die vorsichtig, sanft und offen ist, oder ist sie hart, strikt und zwanghaft? Sie werden sich anders fühlen, wenn Sie in Ihrem Geist ständig wiederholen: *Ich muss, sie müssen, es muss so sein, das kann nicht geschehen, sie sollten, er nie, sie immer.*
Je häufiger Sie diese Art von Sprache innerlich benutzen, desto mehr Spannung und Härte werden Sie spüren – besonders, wenn die Dinge sich nicht so entwickeln wie erwartet.

Benutzen Sie dagegen eine vorsichtigere Sprache wie: *Ich könnte, er vielleicht, es mag, sie manchmal,* dann begegnen Sie der Wirklichkeit und den Umständen mit einer offeneren und kreativeren Haltung. Sie öffnen sich für die unterschiedlichen Richtungen, in die sich die Dinge entwickeln können.

Erfahren Sie den Unterschied, den Sie fühlen, wenn Sie zum Beispiel denken: »Ich muss in dieses Konzert gehen« oder »Ich könnte in das Konzert gehen«. Im ersten Fall werden Sie dafür kämpfen und sich anstrengen, damit das auch unbedingt geschieht. Im zweiten Fall sind Sie offen dafür und werden sich freuen, wenn es möglich ist, aber wenn nicht, ist es auch in Ordnung für Sie.

Wir können schon von geringfügigen Dingen sehr gestresst sein. Würden wir an unseren Gedanken nicht immer so festhalten, könnten wir leichter herausfinden, was wichtig für uns ist und was nicht. Wenn Greifen und Festhalten ein vorherrschendes Muster werden, werden wir am Ende nach allem, ohne jede Unterscheidung, greifen. Ein kreativer Umgang mit unseren geistigen Mustern dagegen würde das Spektrum unserer Reaktionen auf unterschiedliche Bedingungen vergrößern.

Bestimmte Reizwörter setzen Gedankenmuster in Gang. Jeder von uns hat vermutlich eine eigene Liste. Doch es scheint auch Wörter zu geben, die bei den meisten von uns wirken wie *gerecht/ungerecht, richtig/falsch, meins.*

Nehmen Sie einmal wahr, was Sie denken, sagen und fühlen, wenn der Gedanke »das ist ungerecht« in Ihnen aufkommt. Während Sie den Satz » das ist ungerecht« einige Male wiederholen, würden Sie vielleicht gern mit den Füßen aufstampfen. Und eine Litanei von »es sollte aber so sein« folgt. Das ist eine ziemlich frustrierende und witzlose Übung. Meditatives Fragen hilft Ihnen, Ihre Vorstellungen darüber, dass die Dinge gerecht, ausgewogen und im Gleichgewicht sein sollten, zu untersuchen. Natürlich wäre es angenehm, wenn es so wäre. Aber das Leben und die Welt sind nicht unbedingt so.

Statt hilflos und mit wachsendem Ärger auf dem Boden aufzustampfen, könnte es sinnvoller und kreativer sein, sich die Situation anzuschauen und zu fragen: »Was *könnte* hier unternommen werden? Gibt es etwas, das ich tun könnte, um die Dinge mehr ins Gleichgewicht bringen?«

Wenn wir denken: »Ich habe recht. Das ist richtig«, wie fühlen wir uns dann? Was wird damit ausgelöst? Im Allgemeinen führt es zu Anspannung. Halten wir an dem Wort *richtig* fest oder benutzen wir es aus rein sprachlichen Gründen? Wenn wir an dem Wort *richtig* festhalten, so wirkt es als Auslöser für unsere festgelegten und starren Muster. Wenn wir es benutzen, weil es gerade zu der Situation passt, dann wird es nicht dieselbe negative Wirkung haben.

Denken Sie an das Wort »meins«, führt das dann zu »das ist meins und niemand kann es haben« oder zu »ich benutze es, aber du kannst es ausborgen oder ausprobieren«? Wenn wir unsere innere Sprache anschauen und untersuchen, können wir beginnen, in kreativer Weise mit ihr zu spielen und zu experimentieren.

Tagträumerei

Das Nächste, was wir betrachten wollen, sind unsere geistigen Gewohnheiten. Durch Meditation werden wir bald erfahren können, dass unser Denken bestimmten Mustern folgt. Wir haben die Neigung, immer und immer wieder das Gleiche zu denken. Das hat eine Wirkung darauf, wie wir über uns selbst denken, was wir sagen und was wir tun.

In Korea meditierte ich meist zehn Stunden am Tag, drei Monate am Stück, so dass ich viel Zeit dafür hatte, meine Gedankenmuster zu entdecken. Nach einer Weile dämmerte es mir, dass ich, statt zu meditieren, viel Zeit mit Tagträumerei verbrachte. Ich dachte mir Geschichten über mich als Kung-Fu-Expertin oder als Erleuchtete aus. Ich versuchte dann tatsächlich, Kung-Fu zu lernen, einen Nachmittag lang. Davon zu träumen war sehr viel einfacher. Ich musste mich also von dieser Idee verabschieden.

Ich glaube, mein Hang zur Tagträumerei stammt aus meiner Kindheit. Vor dem Einschlafen erfand ich lange, komplizierte Geschichten – vielleicht, um einschlafen zu können, mich zu beschäftigen oder mich von meiner Angst vor der Dunkelheit abzulenken. Was immer auch der Grund war, in meinem Leben als Erwachsene wurde daraus eine Gewohnheit, die sich mit anderen Teilen meines Lebens verband.

Vorstellungsvermögen ist eine Funktion des Geistes, doch Tagträumerei ist eine Ausuferung dessen, mit nachteiligen Folgen. Sie sind geistesabwesend und nehmen nicht wahr, was tatsächlich geschieht, und fühlen sich vielleicht enttäuscht, da das, was Sie phantasieren, oft nicht passiert. Sosehr ich auch davon träumte, eine Kung-Fu-Meisterin zu werden, so wenig hatte ich Lust darauf zu üben, und ich mochte es auch nicht, wenn mir jemand sagte, was ich tun sollte. Es konnte also nie W*irklichkeit* werden. Wenn es, wie in meinem Fall, nur um Kung-Fu geht, ist es kein großes Problem, doch wenn Sie von einem wunderbaren Ehemann träumen, einem tollen Job, einem großen Haus oder einem irgendwie besseren Leben, dann kann das zu Enttäuschung und Verbitterung führen.

In der Meditation können Sie den besonderen »Geschmack« von Gedanken erkunden. Tagträumerei ist sehr verführerisch. Wenn Gedanken kommen wie »wenn ich wäre, wenn ich hätte ...«, dann sind diese meist sehr verlockend. Man kann sie fast schmecken wie etwas Süßes, und sie versprechen bezaubernde Momente.

Für Gefängnisinsassen, wie wir sie in Südafrika getroffen haben, ist Tagträumerei unerlässlich, es hilft ihnen zu überleben. Doch als ich dieses spezifische Muster mit einem jungen Gefangenen besprach, der sehr an Meditation interessiert war, sagte er, dass er nur gelegentlich vor sich hin träume und es nur als Sicherheitsventil benutze, wenn seine Einkerkerung ihn zu sehr niederdrücke. Würde er zu viel träumen, dann frustriere ihn das nur und mache ihn aggressiv. Es geht also nicht darum, dass wir nicht tagträumen sollten, sondern dass wir die Wirkung dieses Musters sehen und erkennen, wann es sinnvoll ist und wann nicht. Wenn wir die Frage stellen: »Was ist das?«, wird sie uns zurück in die Gegenwart bringen. Was geschieht jetzt? Was ist gerade jetzt hier, das wir genießen und wertschätzen können.

Proben und Planen

Eine andere Gewohnheit, die sich uns in der Meditation zeigen kann, ist das *Proben* und *Planen*. Im Allgemeinen beginnt sie damit, dass in uns eine Erinnerung über etwas Schmerzvolles hochkommt, das jemand zu uns gesagt oder getan hat, und wir fangen dann an, uns intensiv damit zu beschäftigen – wie ungerecht oder wie schmerzvoll das war. Dies bringt tatsächlich Schmerz aus der Vergangenheit in die Gegenwart – Schmerz, der zu Beginn der Meditation noch nicht da war. Sie sind verletzt und gekränkt und wiederholen das vergangene Ereignis wieder und wieder in Ihrem Kopf. Nach einer Weile gehen Sie in die Zukunft und malen sich Ihre Rache aus. Sie suchen nach den treffendsten, gemeinsten Worten oder danach, was Sie demjenigen, der Sie so gekränkt hat, am besten antun könnten. Dadurch vergeht die Zeit schnell, aber das Ganze ist nicht sehr sinnvoll oder nützlich. Es bringt unnötigen Schmerz mit sich, und Ihr Plan hat nur begrenzt Sinn. Denn wenn Sie diesem Menschen das nächste Mal begegnen, wird er sich sehr wahrscheinlich nicht so verhalten oder so reden, wie Sie es in Ihrem Drehbuch vorgesehen haben.

Die Schwierigkeit mit geistigen »Probediskussionen« ist, dass sie in einer »Mono-Realität« geschehen. Sie sind der einzige Akteur in dieser Mono-Realität, und Sie schreiben ein Drehbuch, das auf der unveränderbaren Vergangenheit beruht und nicht in Betracht zieht, dass das Leben weitergeht und sich Menschen und Situationen ändern. Sehr viel sinnvoller ist es, einen ruhigen und flexiblen Geisteszustand zu kultivieren, damit Sie bei einer Begegnung mit dieser Person die nötigen

Werkzeuge an der Hand haben – Stabilität und Kreativität. Sie können sich auf eine möglicherweise schwierige, spannungsreiche Begegnung vorbereiten, doch die Vorbereitung beinhaltet keine genaue Vorausplanung, sondern die Entwicklung eines geerdeten, intelligenten Selbst, das kreativ und mit innerer Weite mit dem, was aufkommt und geschieht, umgehen und darauf antworten kann.

Erfindungen

Ein weiteres schmerzvolles Muster des Geistes ist es, Dinge zu *erfinden*. Das findet statt, wenn wir in unserem Geist Geschichten ersinnen, die uns real vorkommen, selbst wenn sie tatsächlich gar nicht geschehen sind. Die Grundlage für diese Gewohnheit ist Unsicherheit. Das Muster beinhaltet Erschütterungen, Unsicherheiten, Ängste und Befürchtungen und beginnt oft mit dem Gedanken: »Was ist, wenn dies oder das passiert?« Dann erfinden wir eine Geschichte und fühlen uns schlecht oder traurig.

So erzählte uns einmal eine Frau am Ende eines Retreats, dass Sie einen ganzen Nachmittag mit dem Gedanken zugebracht habe, ihre Katze würde sterben, da die Freundin, die sich um sie kümmern sollte, sie nicht gefüttert hätte. Tränen standen in ihren Augen, und ihr brach fast das Herz, weil sie nicht da war, als ihre Katze starb. Aber natürlich war das alles vollkommen aus der Luft gegriffen. Der Katze ging es gut! Doch die Frau verbrachte mehr als vier Stunden mit diesem traurigen Szenario – bis sie auf einmal dessen Sinnlosigkeit erkannte und es loslassen konnte.

Eine solche Gewohnheit kann ein ganzes Leben beeinträchtigen. Stellen Sie sich eine Person vor, die dreißig Jahre lang immer Angst davor hatte, dass ein ihr nahestehender Mensch sterben würde. Sie hatte ihr Leben mit dieser steten Angst im Nacken geführt: »Wenn dieser Mensch stirbt, werde ich unermesslich leiden.« Dieser Satz war immer da. Dann schließlich starb der geliebte Mensch tatsächlich. Das Unglaubliche für sie war aber nun die Erfahrung, dass, obwohl sie traurig war, es ihr auch vollkommen gutging. Sie fiel nicht auseinander. Das Leben ging weiter. Sie war sehr überrascht und bedauerte es zutiefst, dass diese Phantasie ihr Leben so lange beherrscht und beeinträchtigt hatte.

Oft erschreckt uns eher die *Vorstellung* davon, dass etwas passiert, als das tatsächliche Geschehen. Wenn wir mit der Wirklichkeit konfrontiert werden, dann sind wir oft sehr wohl in der Lage, adäquat mit den direkten Auswirkungen einer Situation umzugehen. Warum haben wir oft mehr Angst vor unseren Vorstellungen als vor der Realität? Vorstellungen können wir leicht übertreiben und schwächen dadurch unser Potenzial, das sich in der Fiktion gar nicht manifestieren kann. In der tatsächlichen Situation können wir während der mehrdimensionalen Begegnung Zugang zu unserem Potenzial gewinnen und es freisetzen.

Den gegenteiligen Effekt haben »positive Erfindungen«. Dabei wird das Positive und Gute, das Sie sich so begehrlich ausmalen, übertrieben und glorifiziert. Doch mit diesem Glanz kann die Wirklichkeit nur selten mithalten. Das ist der *Wenn-ich-doch-das-nur-hätte-wäre-ich-glücklich*-Mythos.

Kürzlich las ich ein Interview mit einer jungen Frau, die immer Sängerin werden wollte. Sie ging in eine Fernsehshow, gewann beinahe den Wettbewerb, gab eine sehr erfolgreiche Single heraus und wurde in dem Interview gefragt, wie es ihr denn nun als Sängerin gehe und wie sie den neuen Ruhm erlebe. Sie erwiderte, dass sie es anstrengend finde und nicht glaube, das lange machen zu wollen. Sie überlege nun stattdessen, Psychologin zu werden.

Tagträumen, Planen und Erfinden sind Muster geistigen Wildwuchses. Eine Idee, ein Wort, ein Gedanke kommen uns in den Sinn und können in verschiedenster Weise ausufern.

Urteilen und Bewerten

Andere geistige Gewohnheiten gleichen eher *Verhaltens*mustern. Sie färben den Geist so, dass sie damit Ihre Handlungen direkt beeinflussen. Ein Beispiel dafür ist das Urteilen. Dieses Muster beinhaltet, einen fortwährenden Kommentar im Kopf zu haben über sich selbst, andere und die Welt. Sie beobachten sich selbst von außen und erlassen, wie ein Richter auf seinem Richterstuhl, fortwährend Urteile über das, was innerhalb und außerhalb von Ihnen geschieht. Es kann sehr ermüdend sein, Tag und Nacht und ohne Unterlass Urteile zu fällen.

Natürlich gibt es Zeiten, in denen wir auf der Hut sein müssen und fähig, schnell auf Gefahren zu reagieren. Dann sind unsere urteilenden Fähigkeiten sehr hilfreich. Wir können uns in der Tat sehr glücklich schätzen, über diese natürliche Weisheit zu verfügen und über die Fähigkeit, sie im Laufe des Lebens zu verfeinern. Meditation ist ein Werkzeug, die kreative Kraft dieser uns innewohnenden Weisheit zu vertiefen. Doch diese Fähigkeit der Bewertung kann durch Ich-Bezogenheit, wenn wir in der Kindheit regelmäßig kritisiert wurden oder durch andere abträgliche Bedingungen, verstärkt und übertrieben werden. Dann wird sie zu einer geistigen Gewohnheit, die schwer auf unserem Geist lastet, denn wir erheben uns so über Erfahrungen, statt eng mit ihnen verbunden zu sein.

Meditation kann uns darin unterstützen, zu sehen, was wir tun, und darin, das Gesehene nicht zu bewerten, denn das Bewerten des Bewertens – in einer Endlosschleife – ist nicht sehr hilfreich. Wenn wir mit dem urteilenden Geist arbeiten, müssen wir sanft und freundlich mit diesen Mustern sein, aber auch beharrlich und entschlossen. Wir fragen fortwährend: »Was ist das?« – und kehren damit zu der vollen Erfahrung des Augenblicks zurück: Wir spüren die Luft an unseren Wangen und unsere Füße auf dem Boden. Wir erfahren, dass wir in großzügiger, offener Weise denken können, präsent im gegenwärtigen Augenblick sind und unseres ganzen Seins gewahr. Wir leben nicht nur durch unsere unterscheidenden Fähigkeiten, sondern durch alle und mit allen Sinnen.

Vergleichen

Der Gewohnheit des *Urteilens* nahe steht die Gewohnheit des *Vergleichens*. Wir vergleichen uns mit anderen, entweder positiv – *ich bin besser als sie* – oder negativ – *sie haben ein besseres Leben als ich*. Wenn wir positiv vergleichen, kann das unterschiedliche Folgen haben. Es kann uns helfen, unser Glück zu genießen und wertzuschätzen, und wir sind mitfühlender und offener für Menschen, die weniger Glück hatten als wir. Vielleicht fühlen wir uns wegen unseres Glücks aber auch schuldig und erleben es eher als Belastung. Das geht oft Menschen so, die ihren Reichtum ererbt haben. Es kann aber auch zu Arroganz und Herablassung anderen gegenüber führen, von denen wir meinen, sie hätten sich nicht genauso angestrengt wie wir.

Vergleiche zu ziehen ist ganz natürlich, es ist Teil der Evolution, um knappe Ressourcen zu wetteifern. Das kann dazu führen, um Macht zu wetteifern oder darum, der Großzügigste zu sein. In einigen Kulturen erfahren die Menschen, die auffällig großzügig sind, die meiste Ehre und den größten Respekt.

Vergleichen wir negativ, sehen wir, dass andere haben, was wir nicht haben oder haben wollen, und wir verspüren einen tiefen Mangel. Uns fehlt etwas, wir haben ein ungestilltes Verlangen. So zu leben ist schmerzlich. Es kann uns verbittern und grundlegend unbefriedigt lassen. Durch solch negatives Vergleichen bekommen wir einen Tunnelblick: Jede Freude und jedes Glück, die uns möglich wären, geraten so außerhalb unseres Blickfeldes. Wertschätzung zu kultivieren kann helfen, die Macht dieses Musters aufzulösen.

Wertschätzung, Freude und Dankbarkeit sind Qualitäten, die unser Leben bereichern. Die Tatsache wertzuschätzen, dass wir lebendig sind, dass wir atmen, dass wir denken können, dass wir mit anderen in Kontakt treten können, dass wir die Sonne oder den Regen auf unserer Haut spüren können – das ist entscheidend für unser Wohlergehen. Um uns am Glück anderer erfreuen und es mit ihnen teilen zu können, schlug der Buddha vor, die folgenden, auf andere bezogenen Sätze zu praktizieren: »Möge dich das Glück nicht verlassen, möge dein Glück nicht schwinden, möge deine Freude sich fortsetzen.« Wenn Menschen mit diesen Sätzen eine Weile praktizieren, dann hilft ihnen das mit der Zeit, ihr eigenes Glück und ihre Freude zu entdecken und dankbar dafür zu sein. Und es trägt dazu bei, sich am Glück anderer mehr freuen zu können.

Planen

Das *Planen* ist eine Gewohnheit, bei der wir uns extrem wiederholen können. Wir planen nicht nur ein- oder zweimal, sondern verbringen Stunden damit und wiederholen dabei dieselben Gedanken Hunderte von Malen. Wir versuchen uns sogar daran zu erinnern, was wir planen, damit wir es nicht vergessen. Das ist ein Kontrollmuster. Wir wollen uns von dem, was das Leben uns bringt, nicht überraschen lassen, sondern uns im Vorhinein darauf vorbereiten. Diese natürliche Funktion des Geistes macht es uns möglich, mit der Zukunft umzugehen. Doch wenn sich das von einer nützlichen Funktion in ein Gewohnheitsmuster verwandelt, prägt das unser Verhalten und beschäftigt unseren Geist übermäßig. Um dieses Muster des Planens besser zu verstehen und damit zu arbeiten, sollten wir als Erstes zählen, wie viele Male wir etwas planen. Dann können wir uns darauf beschränken, alles nur *fünfmal* zu planen.

Bei dieser Meditationsübung können wir erkennen, dass unser Planen vielfach unnötig und unproduktiv ist. Ich muss nicht sechs Monate im Voraus mehr als zehnmal planen, was ich in meinen Koffer für den Sommerurlaub packen will. Ich muss nicht einen Monat vor einer besonderen Essenseinladung fünfzigmal planen, was ich anziehen werde. Wir müssen nicht endlos Pläne in unserem Geist wiederholen. Wir brauchen Vertrauen in uns selbst, in unsere Fähigkeit, adäquat mit Situationen umzugehen, wenn sie näher rücken.

Abwägen, messen und zählen

Ein spitzfindiges Denkmuster ist das *Abwägen, Messen* und *Zählen*. Wie bewerte ich mich, wie ordne ich mich ein? Wie glücklich, weise, mitfühlend, klug bin ich oder bin ich gewesen? Als Sie noch ein Kind waren, haben Ihre Eltern vermutlich ab und zu Ihre Größe gemessen: Wie groß waren Sie da im Vergleich zu anderen in Ihrem Alter. Größer? Dann konnten Sie sich groß und stolz fühlen. Oder kleiner? Dann ließen Sie sicher den Kopf hängen, da Sie nicht mithalten konnten.

Welches ist Ihre mentale Richtgröße für Glück, Weisheit und Mitgefühl? Oft fühlen Meditierende sich schlecht, weil sie nicht achtsam, weise oder mitfühlend genug sind. Wer entscheidet über den Maßstab? Brauchen wir einen? Der geistige Maßstab ist abstrakt und damit unrealistisch. Wir können nicht der Beschreibung in einem Buch entsprechen. Wir können keinem Bild unseres Gehirns entsprechen. Wir können nicht dem offenkundigen Glück oder Mitgefühl eines anderen entsprechen. Wir können nur das tun, was wir in einem bestimmten Augenblick für richtig halten, und versuchen, aus unseren Fehlern zu lernen.

Das *Zählen* ist ein weiteres gängiges Muster. Wir zählen das Geld, das wir auf der Bank haben. Wir zählen die Anzahl der Tage, die uns noch bis zum Urlaub oder dem nächsten Retreat bleiben – oder bis zum *Ende* des Urlaubs und des Retreats.

Ich erinnere mich noch gut an mein erstes Drei-Monats-Retreat mit koreanischen Nonnen. Wir zwei westlichen Nonnen wollten lernen, richtige koreanische Zen-Nonnen zu sein. Das war sehr, sehr schwierig, und zwar auf unterschiedlichen Ebenen – geistig, kulturell und kulinarisch. Ich erinnere mich noch lebhaft an meinen Schmerz, wenn ich täglich das Kalenderblatt abriss und die Tage zählte und das Gefühl hatte, dass noch immer so viele übrig waren.

Ich erinnere mich auch an das sorgenvolle Zählen meines schwindenden Geldes, als ich durch Indien reiste, bevor ich zwei Monate später in Korea Nonne wurde. Ich saß in einem Bus in Nepal, inmitten einer wunderschönen Landschaft, die ich aber nicht wahrnahm, da ich nur davon besessen war, im Kopf mein Geld zu zählen.

Ich denke, dass dies einer der Gründe für mich war, Nonne zu werden. Nicht, weil das meine Geldprobleme gelöst hätte, sondern weil ich hoffte, die Meditation würde mir helfen, mit dieser Obsession des Zählens und Messens besser umzugehen. Zählen und Messen sind bei Bauarbeiten und Abrechnungen nützlich, aber wir müssen vorsichtig sein, dass sie nicht zu einem Muster werden, das alles andere in uns wie unsere Erfahrung und unser Potenzial überdeckt.

Meditation und Zwangsstörungen

Zwangsstörungen sind die extremste und einschneidendste Form eines geistigen Gewohnheitsmusters. Ein Mensch, der darunter leidet, ist von bestimmten wiederkehrenden Gedanken besessen und von Gefühlen begleitet, dass etwas Schreckliches geschehen werde, wenn diese Gedanken eben nicht befolgt würden. Das führt letztendlich dazu, dass dieser Mensch zwanghaft und in ständigen Wiederholungen handelt. Doch diese Handlungen lösen keineswegs das Unbehagen der ihn beherrschenden Gefühle oder Gedanken auf. Ein Mensch, der unter einer Zwangsstörung leidet, meint, diese immer weiter fortsetzen zu müssen, und gerät dadurch endgültig in einen Teufelskreis.
Auf einem Retreat traf ich einen jungen Mann, der unter dieser Störung litt. In einem Gespräch sagte er, dass er trotz Dunkelheit nicht das Licht anmachen könne, denn er habe Angst, dass er zwanghaft den Schalter ein- und ausknipsen würde. Er spürte, dass die Meditation ihm half, die Intensität seiner Ge-

danken und Gefühle abzuschwächen, doch waren sie immer noch präsent. Die Meditation ermöglichte es ihm auch, seine Obsessionen und Zwangshandlungen klarer wahrzunehmen und sich nicht mehr so sehr mit ihnen zu identifizieren.

Ein anderer junger Mann, dem ich auf einem Retreat begegnete, hatte früher an einer schweren Zwangsstörung gelitten. Er meditierte gewissenhaft und empfand die Meditation als sehr hilfreich und unterstützend. Er praktizierte die von Dr. Jeffrey M. Schwartz entwickelte Methode, die sein Befinden wesentlich verbessert hatte. Schwartz ist Professor für Psychiatrie an der University of California und meditiert seit vielen Jahren in der von Mahasi Sayadaw begründeten Tradition des burmesischen Buddhismus. Diese Tradition legt großen Nachdruck auf Gewahrsein und Benennen. Bei der Praxis nimmt man bewusst wahr, was in der Erfahrung geschieht, und benennt es, ohne sich mit dem Benannten zu identifizieren. Inspiriert durch seine Achtsamkeitspraxis und deren Wirkungen, entwickelte Dr. Schwartz eine neue Behandlungsmethode für Zwangsstörungen. Sie basiert auf einer Kombination von kognitiver Verhaltenstherapie und Achtsamkeit und besteht aus vier Schritten:

1. neu benennen;
2. neu zuschreiben;
3. neu ausrichten;
4. neu bewerten.

Die Patienten, die dieses Programm absolvieren, werden darin bestärkt, »ihre Obsessionen und Zwanghaftigkeiten *neu zu benennen,* und zwar als falsche Signale, als Symptome einer

Störung«. Sie sollen dann »solche Gedanken und Impulse *neu zuschreiben,* und zwar als pathologische Gehirnverschaltungen«. Daraufhin werden sie »ihre Aufmerksamkeit von den pathologischen Gedanken und Impulsen weg auf konstruktives Verhalten *neu ausrichten*«. Am Ende müssen sie »die pathologischen Gedanken und Impulse *neu bewerten* und erkennen, dass sie keinen wirklichen Wert und keine innewohnende Macht haben«.

Eine Patientin, die sich diesem Programm unterzog, erkannte, dass ihre Symptome von einer Hyperaktivität ihres Gehirns herrührten, und sagte: »Ich bin es nicht, es ist meine Zwangsstörung!« – Das ist Dr. Schwartz zufolge der erste Schritt in diesem Prozess: »Neu benennen.« Wenn man etwas neu benennt, hat man vielleicht immer noch unangenehme Gedanken oder Gefühle, doch sind sie weniger überflutend. Man kann sich anders auf sie beziehen, was wiederum ein starkes Gefühl von Freiheit vermittelt.

Dr. Schwartz erkannte, dass ein Neu- oder Umbenennen nicht ausreicht. Es muss durch eine neue Zuschreibung ergänzt werden. Anna, einer seiner Patientinnen, sagte: »Als ich gelernt hatte, meine Zwangsstörungssymptome als solche zu identifizieren und nicht mehr als ›wichtige‹ inhaltsvolle Gedanken, deren tiefere Bedeutung zu entschlüsseln war, befreite mich das teilweise von der Zwangsstörung.« Durch das Neubenennen sieht man klarer, was man tatsächlich erfährt, und die Neuzuschreibung stärkt diese Sicht. Die Neuzuschreibung verdeutlicht, dass Zwangsstörungen nichts Gewolltes sind, sondern mit einem gestörten biochemischen Gleichgewicht zu tun haben.

Aber zu wissen, dass man eine Zwangsstörung hat und diese

von einer Fehlfunktion des Gehirns herrührt, ist noch nicht genug. Die Macht dieser Fehlfunktion und Fehlinterpretation ist sehr stark, so dass man seine Aufmerksamkeit auf eine andere Aktivität neu ausrichten muss, um den Strom der Energie, des Willens und der bewussten Absicht in neue Bahnen zu lenken. Diese Aktivität muss gewohnheitsmäßig auszuführen und angenehm sein, damit es nicht zu schwierig wird. Sie muss etwas Aktives statt etwas Passives sein: Gartenarbeit oder ein Spaziergang ist sehr viel wirksamer als fernzusehen.

Dieser Schritt erfordert starke Willenskraft und ein großes Engagement, denn die sich aufdrängenden Gedanken und Gefühle sind sehr stark, besonders zu Beginn des Programms. Dr. Schwartz empfiehlt die Fünfzehn-Minuten-Regel. Wenn jemand einen zwanghaften Impuls verspürt, soll er fünfzehn Minuten warten, bis er sich darauf einlässt, und in der Zwischenzeit etwas Kreatives und Positives tun.

Die Neubewertung hilft den Patientinnen und Patienten, ihre Impulse und Gefühle anders zu sehen. Sie sind nicht, was sie zu sein scheinen. Auf diese Weise entwickeln die Betroffenen Weisheit, sie erkennen, dass die Gedanken und Gefühle nicht starr und fest sind, sondern von Bedingungen abhängig. Wenn sie entschlossen sind und ihre Gefühle und Gedanken mit Achtsamkeit beobachten, sich mit Gewahrsein auf eine andere Aktivität ausrichten und mit weiser Aufmerksamkeit neu bewerten, dann werden die obsessiven Gedanken und Gefühle vergehen. Siebzig Prozent aller Patientinnen und Patienten empfanden die vier Schritte als hilfreich. Durch die Untersuchung von PET-Scans (Positronen-Emissions-Tomographie) konnte Dr. Schwartz zeigen, dass die Praxis der vier

Schritte tatsächlich den Stoffwechsel in dem Teil des Gehirns schwächt, der bei Zwangsstörungen hyperaktiv ist.

Kreatives meditatives Denken

Zu manchen Zeiten kann »kreatives meditatives Denken« sehr nützlich sein, vor allem dann, wenn Ihnen etwas wiederholt in den Sinn kommt: Sie müssen beispielsweise eine Wahl treffen, eine Entscheidung fällen, oder eine wichtige Diskussion liegt vor Ihnen. Nehmen Sie sich jeden Tag eine halbe Stunde Zeit, um sich mit dem Thema zu beschäftigen. Setzen Sie sich hin und konzentrieren sich eine halbe Stunde lang nur darauf, ohne sich von etwas anderem ablenken zu lassen. Und anstatt das zu tun, was Sie sonst immer tun, nämlich stets nur das zu wiederholen, was Sie zuvor darüber gedacht haben, denken Sie jetzt auf andere Weise: Bringen Sie ein Erkunden in Ihren Denkprozess. Versuchen Sie, im Zusammenhang mit dem Thema an etwas zu denken, an das Sie niemals zuvor gedacht haben. Versuchen Sie, sich vorzustellen, wie jemand anderes darüber denken würde. Bemühen Sie sich, dem fraglichen Thema mit Wachheit und Kreativität zu begegnen. Nach den dreißig Minuten aber lassen Sie das Thema für den Rest des Tages gänzlich los. Sie können es am nächsten Tag wieder aufgreifen. Auf diese Weise schenken Sie dem Zeit, was in Ihrem Kopf ist, aber Sie lassen gleichzeitig nicht zu, dass es Sie vollständig beherrscht. Sie können dies während Ihrer regulären Meditationszeit tun, solange Sie Ihre Gedanken dabei

nicht ausufern lassen. Oder Sie nehmen sich die Zeit im Anschluss an Ihre Meditation.
Kreatives meditatives Denken ist nicht genau das Gleiche wie meditieren, doch manchmal brauchen wir einfach eine fokussierte und fragende Aufmerksamkeit für besonders wichtige Themen.

Ebenen geistiger Gewohnheiten

Es ist wichtig zu erkennen, dass unsere geistigen Gewohnheiten unterschiedliche Aktivitätsebenen haben. Sie können »heftig«, »gewohnheitsmäßig« und »leicht« sein. Heftig oder stark sind sie, wenn etwas geschieht, das überraschend, schockierend, erfreulich oder schmerzvoll ist. Das setzt die obsessive Natur des Musters in Gang. Dann fühlen wir uns von diesem Muster besetzt und können an nichts anderes mehr denken. Es ist wie eine Schlinge, die uns einfängt. Wir können uns nicht daraus befreien, wir können keinerlei Distanz oder Raum innerhalb unserer geistigen Fähigkeiten schaffen. Wir sind wie besessen, und ein und dieselbe Geschichte geht uns immer und immer wieder im Kopf herum.
Es ist dann wichtig zu bedenken, dass wir nicht immer so sind und dass die Situation durch ein bestimmtes Ereignis hervorgerufen wurde. Unsere automatisch ablaufende Reaktion kann aber vorerst so stark sein, dass wir kaum etwas anderes tun können, als für einige Sekunden einen winzigen Raum in der Schlinge zu schaffen. Wir erreichen dies durch die Frage: »Was

ist das?« So erden wir uns körperlich im gegenwärtigen Augenblick. Wir werden uns unserer Füße bewusst, wenn wir gehen, oder der übereinanderliegenden Hände, wenn wir sitzen. Oder wir können sanft zu uns sagen: »Lass es los, lass es für einige Sekunden sein«, und uns dann vorstellen, dass unser gesamtes Sein in der körperlichen Erfahrung des Atems ruht – des Einatmens und Ausatmens, Einatmens und Ausatmens.
Wenn nichts Besonderes passiert ist, wir aber dennoch unseren Gewohnheiten folgen, dann ist das geistige Muster zur festen Gewohnheit geworden, wie das Urteilen zum Beispiel. In diesem Fall ist es wichtig, überhaupt wahrzunehmen, dass die Gewohnheit gerade abläuft, ihre Wirkung zu bemerken und ihre Macht zu verkleinern. Sie mindern die Macht der Gewohnheit, indem Sie sie nicht nähren. Das wiederum bedeutet, dass Sie das Urteilen weder ausufern lassen noch sich damit identifizieren. Sie bringen es zu seiner natürlichen Funktion zurück, indem Sie eines der Gewahrseinswerkzeuge benutzen. Das heißt, Sie richten Ihre Aufmerksamkeit auf den Atem, auf die Geräusche oder die Frage, um zum vollständigen Erleben des Augenblicks zurückzugelangen. Sie können jede Meditationsmethode nutzen, die Ihnen hilfreich erscheint, um für sich mehr innere Weite und Offenheit zu schaffen und die Funktionalität ihrer geistigen Fähigkeiten, die frei von Mustern ist, zu stärken.
Ein lebendiges Gehirn ist aktiv, unausgesetzt arbeitend und denkend. Wir haben ziellose Gedankenfolgen, merkwürdige Ideenassoziationen, führen innere Einkaufslisten oder planen oft. Deshalb sind einige Gewohnheiten ganz natürlich. Diese Gewohnheiten sind insofern interessant, als wir aufgrund ihrer »Leichtgewichtigkeit« mit ihnen spielerisch um-

gehen und auch über sie lachen können, wenn wir bestimmte Motive erkennen und sehen, wie unnötig sie sind. Ich hatte eine »alte Kleidung umarbeiten«-Gewohnheit, bis ich sie erkannte und mich von ihr nicht mehr beherrschen ließ. Jetzt habe ich eine »Gepäck vorbereiten«-Gewohnheit. Seitdem ich mir klar darüber bin, gebe ich diesem Muster nur kurz vor der Abreise nach und nicht für lange. Ich finde es sinnlos, da ich weiß, dass ich in der Lage bin, meinen Koffer schnell und effizient zu packen, ohne endloses Nachdenken im Vorfeld.

Wir sollten uns auch leichte geistige Gewohnheiten bewusstmachen, denn sie können sich unter bestimmten Bedingungen zu gewohnheitsmäßigen und dann zu heftigen entwickeln. Dann sind wir schnell im Würgegriff einer Obsession, die einmal als zartes Gedankenbündel begann. Wir brauchen keine Angst vor unseren Gedanken zu haben, sondern können uns auf eine Entdeckungs- und Experimentierreise begeben. Dann sind wir in der Lage, mit unseren geistigen Prozessen zu spielen und Weisheit und Mitgefühl zu entwickeln.

ÜBUNG

Meditation des Fragens

»*Was ist das?*«
Sie können diese Frage im Einklang mit dem Atem stellen: Einatmend bin ich mir bewusst, dass ich einatme, ausatmend frage ich: «Was ist das?«
Wenn Sie fragen: »Was ist das?«, öffnen Sie sich für den Augenblick in seiner ganzen Fülle.

Fragen Sie nicht nach etwas Bestimmtem. Das Fragen hat keinen Endpunkt. In dieser Meditation geht es ums Fragen, nicht ums Antworten.

Halten Sie nicht nach irgendeiner Antwort Ausschau, wenn Sie fragen: »Was ist das?«

Keine Analyse, kein Spekulieren. Sie fragen, weil Sie nicht wissen.

Versuchen Sie, ein Gefühl für das Fragen zu entwickeln.

Versuchen Sie, in Ihrem Fragen beständig und wach zu sein.

Richten Sie sich in einem weit offenen Gewahrsein auf die Frage aus.

Erforschen Sie die vorherrschende Empfindung, die diese Frage auslöst.

Öffnen Sie sich durch die Frage vollständig für diesen Augenblick.

Versuchen Sie, diese Frage in Ihrem alltäglichen Leben als Möglichkeit zu nutzen, sich wieder zu zentrieren. Dann wird sie zu einer Frage, die Sie zum vollen Gewahrsein von Körper, Geist und Herz in diesem Augenblick führt.

Versuchen Sie, die Frage zu benutzen, wenn Sie in einem Gedanken feststecken. Betrachten Sie den Gedanken und fragen: »Was ist dieser Gedanke?« Fragen Sie das nicht, um das Problem zu lösen oder zu analysieren, sondern um tief zu befragen, was Sie in diesem Augenblick denken. Viele haben die Erfahrung gemacht, dass die Gedanken an Intensität verloren oder manchmal sogar gänzlich verschwanden, wenn sie sie in dieser Weise fragten.

Wenn Sie die Meditation so durchführen, dann mag manchmal eine Antwort aufscheinen. Geschieht das, lassen Sie sie in Ihr Bewusstsein einströmen, ohne nach ihr zu greifen oder sie festhalten zu wollen. Wenn in diesem Prozess des Fragens eine starke Empfindung aufkommt, bleiben Sie einfach dabei. Fühlen Sie sich durch die Empfindung beunruhigt, dann stabilisieren Sie sich wieder durch Fokussierung auf den Atem.

5
In Emotionen verloren

Ein achtsamer Schüler des Buddha,
klar verstehend mit gesammeltem Geist,
kennt die Gefühle und ihren Ursprung.
DER BUDDHA

Störende Emotionen

Gefühle sind intim und unmittelbar. Sie fühlen sich meist so real an und sind so stark, dass wir uns oft nicht vorstellen können, wie wir sie transformieren oder mit ihnen meditativ umgehen könnten. Doch wenn wir die Perspektive wechseln und Gefühle so zu erfahren beginnen, wie wir Geräusche erleben, als unvorhersehbar, aufgrund von Bedingungen entstehend, flüchtig und sich verändernd, dann sind wir vielleicht fähig, ihnen auf andere Weise zu begegnen und auf sie zu reagieren. Wenn wir unsere Gefühle kennenlernen, ihre Beschaffenheit und ihre Wirkungen auf unseren Körper und unsere Gedanken erfahren, befähigt uns das, die Mechanismen zu untersuchen und zu erforschen, durch die sie zu emotionalen Mustern werden und sich dann zu störenden Emotionen ausweiten.

Jeder Mensch hat seine eigenen emotionalen Muster. Wir bezeichnen Menschen als freundlich, aggressiv oder passiv, selbst wenn sie diese Emotionen nicht zur Schau stellen, einfach weil wir sie im Laufe der Zeit wiederholt als liebevoll, zornig oder gleichgültig wahrgenommen haben. Manche Menschen haben in schwierigen Situationen die Neigung, sich zu verkriechen, andere zu kämpfen. Das hängt sowohl von äußeren Umständen als auch von der inneren Gefühlsströmung ab. Wenn man sich dieser Strömungen nicht bewusst wird, weiten sie sich aus. Man beginnt, reaktiv und blind zu handeln, was schmerzlich für uns und andere werden kann.

Befinden wir uns in der Gewalt einer starken Emotion wie Wut, Angst, Einsamkeit oder Trauer, erleben wir das als so allumfassend, dass wir uns überwältigt und gestört fühlen. Die Emotion färbt unser gesamtes Wesen ein – Körper, Herz und Geist. Empfindungen können Gefühle verstärken, die wiederum von Gedanken verstärkt werden. Gefühle, Empfindungen und Gedanken finden sich schließlich in einem machtvollen Mix zusammen, der störende Emotionen schafft.

Wenn wir Gefühle genau betrachten, können wir wahrnehmen, wie sie auftauchen und sich in diese störenden Emotionen verwandeln. Wir können auch die Gefühlsmuster erkennen, die dazu beitragen, dass sie zu störenden Emotionen werden.

Ich fühlte mich einmal nach dem Aufwachen etwas seltsam, ein bisschen grau und irgendwie niedergedrückt, was für mich recht ungewöhnlich ist. Ich vergegenwärtigte mir meine Umstände, um herauszufinden, warum ich mich so fühlte. Ich konnte aber nichts finden und betrachtete dies dann als Gelegenheit, dieses Gefühl zu untersuchen. In meinem Körper gab es Empfindungen, die etwas unangenehm waren, aber es war nichts in meinem Geist, das mich dazu zwang, mich mit ihnen zu identifizieren und sie zu verstärken. Ich beobachtete das Gefühl während der folgenden zwei Wochen, und dies zeigte mir, dass es möglich war, Gefühle auf die gleiche Weise zu untersuchen wie Geräusche. Das schwache, seltsame Gefühl verschwand, als ich jemanden traf, der in großen Schwierigkeiten war. Ich öffnete mich für diese Person mit Aufmerksamkeit und Mitgefühl. Die Energie des Mitgefühls war stärker als die Energie jenes undefinierbaren Gefühls, und es verschwand völlig.

Indem ich das »graue« Gefühl weder verstärkte noch mich mit ihm identifizierte, gelang es mir, keine Bedingungen dafür zu schaffen, dass es zu einer störenden Emotion werden konnte, die sich dann wiederum mit der Zeit hätte zu einem emotionalen Muster wandeln können. Trauer zu empfinden, wenn jemand stirbt, Zorn, wenn man mit Ungerechtigkeit konfrontiert ist, Ängstlichkeit in einer schwierigen Situation, Furcht in Gefahr, Einsamkeit, wenn man viele Tage allein ist, sind natürliche Reaktionen auf bestimmte Umstände. Für uns als menschliche Wesen ist es ganz wichtig, die Fähigkeit des Fühlens zu besitzen – zu weinen und zu lachen. Das bereichert unser Leben und unsere Beziehungen.

Traurigkeit

Ich sah Meister Kusan in zwei Situationen weinen: einmal, als er eine Begräbniszeremonie für Menschen leitete, die er kannte, und noch einmal, als er zu Laienunterstützern über die »zehn Dankbarkeiten« sprach. Das sind Haltungen, die man gegenüber den eigenen Eltern kultivieren sollte. Es dauerte jeweils nicht lang, nur ein paar Tränen, dann kehrte er zu seiner natürlichen Gelassenheit zurück. Mich berührte es sehr, zu sehen, dass ein Zen-Meister traurig war und in der Öffentlichkeit weinte, doch mich inspirierte auch die Tatsache, dass man Gefühle haben konnte, ohne von ihnen überwältigt oder beeinträchtigt zu werden.

Der chinesische Meister Ta Hui aus dem zwölften Jahrhundert schrieb in einem Antwortbrief an einen Schüler: »Ich verstehe, dass dein fünfter Sohn sich wohl nicht mehr von seiner Krankheit erholen wird. Genau dann, wenn du dich niedergeschlagen fühlst, solltest du untersuchen und erforschen, woher dieser Kummer kommt. Wenn du nicht bis zum Boden seiner Entstehung gelangen kannst, dann frage dich, wo du selbst herkommst. Wenn du denken willst, dann denke; wenn du weinen willst, dann weine.«

Meister Ta Hui erkennt, dass sein Schüler traurig ist und leidet. Er schlägt ihm vier verschiedene Wege vor, mit diesen Gefühlen umzugehen. Der erste ist, die Traurigkeit als solche, ihre Form und Gestalt zu erforschen und zu sehen, ob er bis an deren Wurzel, ihren Ursprung, vordringen kann. Wenn das zu schmerzvoll ist, dann kann er auch sich selbst in diesem Moment betrachten. Wer ist er? Wie ist er entstanden? Dadurch kann der Schüler erkennen, dass er aus einem Fluss von Bedingungen entstanden ist und dass alles, was bedingt ist, unbeständig und vergänglich ist. Wenn er das nicht schafft, dann kann er an seinen Sohn denken und an die Freude, die dieser in sein Leben brachte. Er kann darüber nachsinnen, dass wir alle jederzeit krank werden können, und es wertschätzen, dass er mit seinem Sohn in dieser schwierigen Zeit zusammen sein kann. Doch er kann auch weinen und seine Trauer über die Tatsache ausdrücken, dass sein Sohn sehr krank ist und möglicherweise sterben wird.

Als ich meinen Vater sterben sah, empfand ich große Trauer, doch erfuhr ich in diesem emotional intensiven Moment auch zum ersten Mal die Wirklichkeit der Vergänglichkeit. Danach bezog ich mich in veränderter Weise auf Menschen, denn ich wusste, wie kostbar sie waren und dass ihr Leben sich auf einen einzigen Atemzug stützte, den letzten. Den hatte ich auf den Lippen meines Vaters gesehen.

Wenn jemand stirbt, sind wir traurig, dass ein Leben endet, doch noch mehr betrauern wir den Verlust, den es für uns bedeutet, dass dieser uns so kostbare Mensch nicht länger in unserem Leben sein wird. Wenn wir in einem solchen Augenblick spüren, dass in unserem Leben etwas fehlt, dann wird sich das Gefühl der Traurigkeit ausweiten und ausbreiten und sich zu einem emotionalen Muster der Hoffnungslosigkeit und Sinnlosigkeit verbinden. Es ist das Ich-Arme/r-Syndrom, das sich in Gedanken ausdrückt wie: »Ich bin allein in der Welt«, »Niemand liebt mich«, »Niemand ist für mich da«, »Ich verliere alles, was mir lieb und teuer ist« usw.

Das ist ein schmerzvoller Gedankenkreislauf, der in irgendeiner Form in den meisten Menschen existiert. Er kann durch ein einfaches Gefühl der Traurigkeit leicht ausgelöst werden und uns schnell in das dunkle Loch der Hoffnungslosigkeit führen. So schmerzlich und lähmend dies für uns auch ist, zur gleichen Zeit scheinen wir uns auf eine Art auch bereitwillig hineinzubegeben: »Ich Arme, ich Arme, das Leben ist so schrecklich.« Denn dieser schmerzhafte Zustand enthebt uns für eine gewisse Zeit aller Verantwortung. Wir werden wieder zu einem kleinen Kind, und dies scheint uns ein seltsam angenehmes Gefühl zu verschaffen.

Können wir diese »Ich-Arme/r«-Spirale durchschauen und sie stoppen, bevor sie sich in Gang setzt und uns nach unten zieht? Es ist schwierig, sich mit unangenehmen Gefühlen auseinandersetzen zu müssen. Wir mögen sie nicht, sie sind schmerzvoll, und wir wollen, dass sie verschwinden.

Doch wir müssen uns mit ihnen auseinandersetzen, denn sonst werden wir von ihnen eingefangen, geblendet und sind schnell von unangenehmen Gefühlen bewegt, in denen wir uns verlieren und die durch emotionale Gewohnheiten weiter verstärkt werden.

Gefühlstönungen

Eine der vom Buddha empfohlenen Meditationen ist, sich der Gefühlstönungen der Erfahrung bewusst zu werden, der Tonalität der Gefühle: Ist es ein angenehmes, ein unangenehmes oder ein neutrales Gefühl? Das ist recht schwierig, denn es ist manchmal nicht einfach, genau zu bestimmen, was man auf der Ebene der Gefühlstönungen erfährt. Nehmen wir das Eisessen: Die erlebte Süße auf der Zunge kann angenehm sein, doch die Kälte an einem empfindlichen Zahn ist eher unangenehm. Der Wind auf der Haut kann bei einem Waldspaziergang angenehm sein, wenn es einem heiß ist, und unangenehm bei Kälte.

Um uns Gefühlstönungen und der von ihnen beeinflussten Aktionen und Reaktionen bewusster zu werden, können wir beobachten, wie wir auf verschiedene Gefühlstönungen reagieren. Nachdem wir ein wundervolles Wochenende mit Freundinnen und Freunden verbracht haben, werden wir beim Abschied sagen: »Lasst uns das wiederholen.« In diesem Augenblick möchten wir dieselben Bedingungen wieder schaffen, um zukünftig dieselben angenehmen Gefühle zu erleben. Erleben wir angenehme Gefühle, dann wollen wir, dass sie weitergehen, oder wir wollen sie wiederhaben. Wir investieren eine Menge Energie, um die Bedingungen, bei denen wir angenehme Gefühle erlebten, wiederherzustellen, doch es gibt keine Garantie, dass dasselbe Gefühl erneut auftaucht.

Das automatische Muster bei einem unangenehmen Gefühl ist, dass wir zurückweichen und es nicht haben wollen. Wir mögen es nicht, und es ist uns lieber, wenn es an uns vorübergeht und ein anderer es hat! Und wenn wir zu uns sagen: »Ich kann es nicht ertragen«, dann wird dies das Unangenehme noch vergrößern. Sobald wir Schmerz erleiden und das Gefühl haben, ihn nicht ertragen zu können, wird er so viel größer als wir, dass wir meinen, ihn nicht ermessen zu können. Doch wenn wir ihn direkt und meditativ betrachten, dann zerbricht er in seine verschiedenen Bestandteile, und wir können angemessen mit ihm umgehen.

Wenn Sie Ihre Aufmerksamkeit auf die Gefühlstönungen richten, so bringen Sie das Element des Erkundens mit hinein, indem Sie die Körperempfindungen wahrnehmen und tief in sie hineinschauen. Wie fühlt es sich an, wenn Sie sich wohl fühlen? Wie fühlt es sich an, wenn Sie sich unbehaglich fühlen? Versuchen Sie, diese Empfindungen kennenzulernen und zu erleben, ohne nach ihnen zu greifen oder sie abzuwehren. Durchdringen Sie sie in dem Moment ihres Auftauchens, ohne in eine Spirale mentaler Zerstreutheit zu geraten oder zuzulassen, dass sie zu störenden Emotionen werden. Gehen Sie mit dem Gefühl in diesem Moment kreativ um. Tun Sie das wiederholt, dann wird Sie das befähigen, klarer die unmittelbare Gefühlstönung wahrzunehmen, aber auch die gewohnheitsmäßige Gefühlsströmung von Traurigkeit, Zorn oder Angst zu erkennen.

Wie fühlen sich Gefühle körperlich an, bevor wir sie für uns in Worte fassen oder erklären? Was erfahren wir tatsächlich, bevor wir sie benennen oder von ihnen eingefangen werden? Meditatives Gewahrsein hilft uns, diesen grundlegenden Aspekt unserer Gefühlserfahrungen kennenzulernen und mit ihm in Kontakt zu treten. Manchmal erleben wir ein seltsames Gefühl, das wir nicht benennen können, es fühlt sich irgendwie *anders* an. Ist es auf der angenehmen Seite des Gefühlsspektrums, fühlen wir uns merkwürdig belebt, friedvoll und entspannt und bereit, es mit der Welt aufzunehmen. Wir stellen angenehme Gefühle nicht in Frage, weil sie sich gut und natürlich anfühlen. Es ist jedoch wichtig, sich ihrer voll bewusst zu sein und zu wissen, dass wir Gefühle des Wohlbefindens und Friedens erfahren können. Es beweist uns, dass wir uns nicht *immer* unwohl und unglücklich fühlen. Ist das namenlose Gefühl auf der unangenehmen Seite des Spektrums angesiedelt, besteht die Herausforderung darin, sich mit ihm, so wie es ist, auseinanderzusetzen, ohne es schnell mit einem unserer emotionalen Gewohnheitsmuster zu verknüpfen.

Über Gefühlstönungen zu meditieren kann uns zu mehr innerer Weite und Klarheit in Bezug auf unsere Gefühle verhelfen, und wir können sehen, wie flüchtig, wandelbar und veränderlich unsere Gefühle sind.

Wut

Wut ist heiß, schnell und aktiv. Wenn wir zur Wut neigen, bedeutet dies, dass wir viel Energie besitzen. Dann kann es nützlich sein, einen Weg zu finden, die Energie in positiver Weise zu nutzen, damit sie sich nicht ansammelt und in destruktiver Weise entlädt. Es gibt ein ganzes Spektrum zorniger Gefühle, von leichtem Ärger bis zu einer ausgewachsenen Aggression, von gemeinen Worten bis zu mörderischen Absichten. Wut kann explosiv oder manipulativ sein. Sie kann von Ungeduld herrühren, vom Ziehen voreiliger Schlüsse oder von blinder Reaktion. Mein Mann, Stephen, war in England als buddhistischer Geistlicher in einem Gefängnis tätig. Ein Mann, den er besuchte, saß wegen Mordes. Stephen fand ihn nett und freundlich, und sie verstanden sich gut. Er schien ein ganz normaler Mensch zu sein, doch war er anfällig für unkontrollierbare Wutausbrüche. In bestimmten Situationen verlor er den Kopf und wurde sehr aggressiv. Er hatte dann keine Kontrolle über seine Wut und sein Verhalten. Wut beginnt als Gefühl, als natürliche Reaktion auf Bedrohung, Widerspruch, Demütigung oder Zurückweisung. Können wir Wege finden, damit sie nicht zu einer verheerenden störenden Emotion wird?

Wut erschüttert den ganzen Körper. Sie werden rot im Gesicht, das Herz schlägt schneller, der Atem wird kürzer. Ihr Geist dreht sich im Kreis und verliert die Kontrolle. Sie müssen die Wut vollständig kennenlernen, um mit ihr zu arbeiten, ihre destruktive Energie zu mindern und die verschiedenen mentalen und emotionalen Muster zu entwirren. Statt Wut für Ihr grundlegendes Recht zu halten (auf der einen Seite) oder als schlimmste Sünde (auf der anderen Seite), hilft Ihnen ein meditativer Ansatz, die inneren und äußeren Bedingungen zu erforschen, die zu der Wut und ihrem Ausdruck geführt haben. Dann können Sie erkennen, womit Sie es zu tun haben, und mit den verschiedenen Prozessen arbeiten, die dieses emotionale Phänomen haben entstehen lassen.

Wut kann aus einem emotionalen Muster der Ungeduld herrühren. Wir können lernen, die Ungeduld zu erkennen, in sie hineinzuatmen und sie zu erforschen. Wie fühlt sie sich an? Sie fühlt sich nervös und kribbelig an. Wir müssen uns bewegen, es muss etwas passieren. Erkennen Sie, wie das zum einen bestimmte mentale und emotionale Muster fördert und zum anderen Ansichten, die wir über die mangelnde Effizienz, Unfähigkeit zur Zusammenarbeit oder Unsensibilität anderer haben, unterstützt. Bewusst oder unbewusst legen wir einen inneren Maßstab für Effizienz, Kooperation und Sensibilität an andere an, wodurch unsere Ungeduld und damit auch unser Zorn gefüttert wird. Wenn wir dies erkennen, innehalten und darüber nachdenken, dass nicht jede und jeder so effizient, kooperativ und sensibel sein kann wie wir oder dass wir es auch nicht immer sind, dann können Mitgefühl und Empathie entstehen.

Enttäuschung und das Gefühl, dass unsere Pläne durchkreuzt werden, können ebenso Wut auslösen. Wir brauchen dann »sofortige Genugtuung«. Wenn wir das Gefühl haben, dass uns jemand einen Strich durch die Rechnung gemacht hat, werden wir wie Kinder. Wir können es nicht akzeptieren, dass sich uns ein Hindernis in den Weg stellt, und möchten diese Energie durch einen Wutausbruch rauslassen. Menschen in Machtpositionen können es sich vielleicht leisten, in Wut auszubrechen und ihre Untergebenen anzuschreien und so eine negative Atmosphäre zu schaffen. Die Machtlosen dagegen entwickeln Groll, der an ihnen nagt und sich in anderer Weise Ausdruck verschafft – zum Nachteil derjenigen, die noch unter ihnen stehen. Das produziert eine ganze Kette von störenden Emotionen.

Angst ist auch eine bedeutende Ursache von Wut und Aggression. In seinem Buch *Convicted in the Womb* zeigt Carl Upchurch, wie Angst und Überlebensdrang ihn zu einem gewalttätigen jungen Mann gemacht haben. Um sich vor der Gewalt anderer zu schützen, wurde er gewalttätiger als sie, so dass sie Angst vor ihm hatten und ihn in Ruhe ließen. Das brachte ihn mehrfach ins Gefängnis und dazu, dort das Gleiche zu tun. Aus Selbstschutz war er der »schlimmste« Gefangene. Erst als er in Einzelhaft kam und wieder und wieder ein Buch mit den Stücken Shakespeares las oder mit seinem kürzeren Bein einen Tisch balancierte, konnte er sich davon freimachen, nur aus seiner Angst und Wut zu bestehen. Erst dann vermochte er es, auch seine geistigen Potenziale zu nutzen. Er absolvierte die Universität von Pittsburgh und wurde zu einem führenden Anwalt für die Rechte der Gefangenen und einem anerkannten Friedensstifter: Er hatte die Angst und Wut in ein Kümmern um andere und in rechtmäßige Aktionen gegen harte, schikanöse Haftbedingungen umwandeln können.

Wenn wir wütend sind, fühlen wir uns oft voller Energie – und darin liegt eine Gefahr. Wir werden süchtig nach dieser Energie und fühlen uns nur dann lebendig, wenn wir wütend sind. Daraus wird schnell ein Teufelskreis. Wir reagieren dann voller Wut auf Situationen, oder wir provozieren Situationen, in denen wir wütend und aggressiv sein können.

Es ist aber möglich, kreativ mit Wut umzugehen. Wenn wir das tun, können wir sie verwandeln und ihre Energie in positiver und förderlicher Weise nutzen. Geschieht das, so haben wir uns ihre Kraft nutzbar gemacht und ihre Spannung aufgelöst. Das gibt uns die Energie, im Garten zu arbeiten oder das Haus zu putzen oder mit einer schwierigen Situation standhaft umzugehen, oder wir werden der Anwalt von Menschen, die sich nicht selbst ausdrücken können.

Niedergeschlagenheit

Enttäuschung kann, anstatt dass sich die Energie zur Wut sammelt, auch zu Gefühlen der *Lähmung* und *Stagnation* führen, die sich in eine Stimmung der Hoffnungslosigkeit wandeln. In dem Fall werden wir apathisch und fühlen uns zu nichts nutze. Wir sind davon überzeugt, dass nichts klappt und dass nichts jemals funktionieren wird. Der Gefühlsstrom ist in negativer Weise sehr mitreißend, denn er macht uns lethargisch und energielos. Oft beginnt das mit einem schwachen Gefühl der Niedergeschlagenheit. Man hat keine Lust, etwas zu tun. Das wandelt sich in ein Gefühl, nichts tun zu wollen, und dann in ein Gefühl, nicht in der Lage zu sein, irgendetwas zu tun. Das ist ein sehr entmutigender Zustand, der im Allgemeinen nicht für andere, sondern für uns selbst gefährlich ist.

Es ist manchmal sehr schwer, aus diesem apathischen Zustand herauszukommen. Oft gibt es erst dann einen Weg aufwärts, wenn man ganz unten angekommen ist. Doch es ist nicht leicht, von tief unten wieder nach oben zu kommen. Darum ist es so entscheidend, uns des bedrückenden Gefühls, wenn es aufkommt, bewusst zu werden, und kreative Mittel zu nutzen, es abzumildern, damit es sich nicht festsetzt und ausbreitet. Da das Gefühl selbst jedes Bemühen behindert, etwas zu tun, ist es aber förderlicher, es noch zu unterbinden, bevor es erscheint. Wie der Buddha in zwei der Vier Großen Bemühungen vorschlägt: Kultiviere Bedingungen, so dass negative Zustände, die noch nicht entstanden sind, gar nicht erst entstehen, und kultiviere Bedingungen, die positiven Zuständen die Möglichkeit geben zu entstehen.

Bei Wut müssen Sie Raum schaffen, bei Niedergedrücktheit Energie. Was baut Sie auf, hebt Ihre Stimmung? Das kann etwas so Einfaches sein wie Gehen oder Gärtnern. Wenn ich mich niedergedrückt oder eingesperrt fühle, weiß ich, dass ich einen langen Spaziergang machen muss. Ich fühlte mich in einem Winter in England arg niedergeschlagen, weil es dort zu dieser Jahreszeit ziemlich dunkel und nass ist. Ich wusste, dass die Lösung darin lag, kreativ zu werden, und so besuchte ich einen zehnwöchigen Holzschnitzkurs. Es funktionierte für mich. Ich habe danach nie mehr Holzschnitzerei gemacht, aber es entsprach in jenem Moment einem Bedürfnis.

Bei unseren emotionalen Mustern gibt es sowohl negative als auch positive Auslöser. Es gibt Auslöser, die unsere Stimmung heben können, wenn sie aktiviert werden. Das sind nicht unbedingt stets die gleichen. Sie sollten damit spielen und experimentieren und gleichermaßen klug und kreativ dabei vorgehen. Einige Dinge können Ihre Stimmung heben, sind aber auf längere Sicht nicht förderlich, Alkohol und Drogen zum Beispiel. Durch andere Aktivitäten werden Sie sich ohne Nebenwirkungen besser fühlen – spazieren gehen, mit Kindern spielen, in einem Chor singen, Sport treiben oder gärtnern.

Wenn Sie sich niedergeschlagen fühlen, kann Ihnen das Leben sinnlos erscheinen. Haben Sie die Gewohnheit zu grübeln, dann können Sie sich in Endlosschleifen verfangen – beim Sinn des Lebens beginnend und bei der Qual existenzieller Angst endend. Schriftsteller mit dieser Art der Angst haben große Werke geschaffen, so Albert Camus mit seinem Buch *Der Fremde*. In Bezug auf unsere Muster und das alltägliche Leben ist es jedoch hilfreich, die Tendenz zu existenzieller Angst zu bemerken, wenn sie noch nicht sehr ausgeprägt ist. Es ist förderlich zu erkennen, wann sie konstruktiv und kreativ sein kann und wann sie so quälend und destruktiv wird, dass sie zu nihilistischem Verhalten führt, bei dem es keine Hoffnung gibt und kein Sorgen um sich selbst und andere. Nichts scheint mehr etwas zu zählen.

Darum ist es so entscheidend, Gewahrsein zu kultivieren – und zwar nicht ein Gewahrsein, das gleichgültig gegenüber dem ist, was geschieht, und resigniert, sondern ein kreatives und meditatives Gewahrsein, das tief am eigenen Leben und dem Leben anderer interessiert ist. Ein freundliches und fürsorgliches Gewahrsein, das die eigene Menschlichkeit und Begrenztheit akzeptiert, aber das auch offen für das eigene Potenzial und dessen Aktivierung ist.

Langeweile

Bei der Wahrnehmung von Gefühlstönungen sind neutrale Gefühle nur schwer exakt zu bestimmen. Beobachten wir aber genau, können wir wahrnehmen, dass sie zu zwei verschiedenen Gefühlsströmungen führen können: zu Wohlbefinden und Frieden oder zu Langeweile.
Unsere moderne Gesellschaft scheint von Unterhaltung besessen zu sein, und Langeweile gilt als Feindin. Wir sollen weder Zeit noch Gelegenheit haben, uns gelangweilt zu fühlen. Wir können auch beobachten, dass schon Kinder Langeweile nicht mögen. Eine ihrer sich häufig wiederholenden Klagen ist: »Das ist langweilig. Ich langweile mich!« Ein Freund von mir ist Theaterschauspieler, und er denkt, es sei entscheidend für Kinder, sich zu langweilen und mit diesem neutralen Gefühl umzugehen. Wenn sich seine Kinder über Langeweile beklagen, sagt er ihnen, es sei sehr gut, dass sie sich langweilen, und sie sollten sich darin üben, das zu fühlen.

Warum mögen wir Langeweile nicht? Empfinden wir dieses Gefühl als dem Tod zu nahe, oder halten wir es nur schwer in unserer eigenen Gesellschaft aus? Die Erfahrung, dass nichts geschieht und dass nichts geschehen muss, könnte so erholsam sein. Doch Langeweile wird nicht als positiver Zustand der Erholung und Nicht-Aktivität gesehen, sondern sie wird als Gegenteil von Aufregung und Erregung betrachtet. Sind wir niedergedrückt, dann fühlen wir uns gelangweilt, und alles erscheint fade. Können wir so Kontakt zu den neutralen Gefühlstönungen aufnehmen, dass wir uns lebendig statt gelangweilt fühlen? Wir könnten unserer Atembewegung gewahr werden, unseres Herzschlags, des Lebens, das durch unsere Adern pulsiert, und wir könnten es als Gelegenheit nutzen, in diesem Moment zu ruhen, so wie er ist, weder gut noch schlecht. Das kann unsere Wahrnehmung für die verschiedensten Gefühlsvariationen in unserem Leben schärfen. Wir können das gesamte Gefühlsspektrum empfinden von Agonie bis zu Ekstase. So gesehen kann Langeweile sehr erholsam sein, anstatt uns in einer Spirale der Verzagtheit herunterzuziehen.

Einsamkeit

Wenn wir allein sind, können wir uns in Frieden fühlen, weil keine Ansprüche an uns gerichtet werden und wir so handeln können, wie wir wollen. Wir können uns aber auch schrecklich und unerträglich einsam fühlen. Verbindet sich der Zustand des Alleinseins mit einer niedergeschlagenen Stimmung und der Gewohnheit, sich einsam zu fühlen, dann besteht die Gefahr, sich ungeliebt und nicht liebenswürdig zu fühlen. Das kann mit »niemand liebt mich« beginnen und als »ich hasse die Welt« enden.

Auf einer essenziellen Ebene sind wir alle zutiefst allein. Niemand kann für uns unser Leben leben oder für uns sterben. Niemand kann unseren Schmerz oder unsere Freude erleben, auch wenn wir sie mit anderen teilen können. Wie können wir uns selbst so lieben, dass wir uns nicht einsam fühlen, wenn wir allein sind? Wie können wir uns mit dem Leben und mit anderen so verbinden, dass wir keine unerträgliche Einsamkeit empfinden?

Ich bin zutiefst allein, doch zugleich eng mit anderen verbunden, mit der Welt, mit dem Leben. Mein ganzes Sein hängt von anderen und von Faktoren außerhalb von mir ab: der Luft, die ich atme; dem Wasser, das ich trinke; der Nahrung, die ich zu mir nehme; dem Haus, in dem ich wohne; der Kleidung, die ich trage; der Arznei, die ich einnehme. Meine Geburt hängt von meinen Eltern und Vorfahren ab. Ich bin ein winziges Teilchen in einer endlosen Kette der Evolution. Mein Überleben hängt davon ab, ob die Gesellschaft, in der ich lebe, relativ stabil und friedvoll ist. Ich bin mit der ganzen Welt verbunden und stehe in wechselseitiger Abhängigkeit mit ihr. Meine Familie, mein Mann, meine Freundinnen, der Bäcker, die Postbotin, eine tibetische Nonne und einige afrikanische Waisen hängen von mir ab.

Es ist wichtig, Beziehungen zu pflegen, wenn wir uns nicht niedergeschlagen fühlen; dies wird die Wirkung der Einsamkeit mindern, wenn wir uns depressiv fühlen. Fühlen Sie sich einsam, so spüren Sie Ihren Atem, schauen Sie tief in ihn hinein und erinnern Sie sich daran, dass Sie mit den Menschen um Sie herum atmen, mit den Tieren und Bäumen. Das gesamte Universum atmet mit Ihnen. Denken Sie daran, dass Sie sich nicht fürchten müssen. Sie können sich mit der Kassiererin im Supermarkt verbinden und sie anlächeln; sie hat einen langen Arbeitstag. Sie können mit einem kleinen Vogel mitempfinden, der sich geschäftig nach Nahrung auf dem Boden umschaut. Sie können sich an die Menschen erinnern, mit denen Sie Ihr Leben teilen, und Ihnen alles Gute wünschen.

Angst

Angst ist eine seltsame Gefühlsströmung. Sie beinhaltet eine innere Unruhe, bei der wir uns unwohl fühlen und die unangenehme Vibrationen in unserem Magen verursacht. Wenn wir uns in einer Situation befinden, in der wir ständig auf der Hut sein müssen wie Soldaten an der Front, oder wenn wir in einer gefährlichen, unvorhersehbaren Situation leben, fühlen wir uns bereit, sofort loszuspringen. Es ist sehr schwierig, in solchen Situationen kein Angstmuster zu entwickeln. Selbst wenn die Situation für uns nicht mehr besteht, fühlen wir uns weiterhin ängstlich und besorgt. Es dauert eine ganze Weile, bis unser ganzes System sich wieder beruhigt hat und sich sicher fühlt.
Doch manchmal fühlen wir uns auch aus unersichtlichen Gründen ängstlich. Wir sind beunruhigt und besorgt darüber,

das Richtige zu sagen oder zu tun, richtig auszusehen, nicht fehl am Platz zu sein, zu wenig oder zu viel zu tun. Wir brauchen dann ständig Rückversicherungen, dass wir in Ordnung sind, dass alles andere in Ordnung ist. Das Muster könnte darin bestehen, dass wir in unserem Selbstwertgefühl zu abhängig von der äußeren Welt sind. Die Augen der anderen sind aber nicht ganz zuverlässig, und sie können zu einer gefährlichen Grundlage für unsere Existenz werden. Um uns entspannter und wohler zu fühlen, ist es förderlich, ein Gleichgewicht zwischen Selbstbestätigung und Fremdbestätigung zu finden. Wir können von anderen profitieren, wenn sie uns ein positives Bild von uns spiegeln, aber wir müssen das auch für uns selbst tun. Wie können wir uns zuversichtlich und fähig fühlen? Was erdet uns und verhilft uns zu mehr Ganzheit und Stabilität?

Meditation ist nicht das einzige Werkzeug, aber es kann enorm hilfreich sein. In meinem Fall hat Meditation mich sehr darin unterstützt, mich selbst zu akzeptieren, zu wachsen und mich zu entwickeln. Sie befähigte mich, auf meinen eigenen Füßen zu stehen, mein Leben ganz zu leben und auf dessen Entwicklungsmöglichkeiten zu vertrauen. Sich stabil und geerdet zu fühlen ist einer der Schlüssel, einer ängstlichen Stimmung entgegenzuwirken. Wenn ein angstvolles Gefühl in Ihnen hochkommt, sollten Sie wahrnehmen, wie Sie mit Ihren Füßen fest auf dem Boden stehen oder auf einem Stuhl sitzen, und sich mit diesem Gefühl der Angst auseinandersetzen, ohne es zu vergrößern oder ausufern zu lassen. Freunden Sie sich mit der Nervosität an, haben Sie keine Angst davor, Sie können sie aushalten. Bemerken Sie die wellengleiche Bewegung der Angst; sie bleibt nicht gleich, sie verändert sich fortwährend. Können Sie geschickt und behende auf ihr reiten wie ein Surfer auf den Wellen des Meers?

Mangel

Manchmal haben wir das Gefühl, dass etwas fehlt. Wir empfinden einen Mangel, eine Leere, ein Loch im Herzen unseres Seins. Es ist seltsam betäubend, und wir wissen nicht, was wir mit diesem Loch, dieser Leere, tun sollen. Das mag verwirrend sein für Buddhisten, denen wiederholt gesagt wurde, dass »Leere« eine gute Sache sei, gewissermaßen die letztendliche Natur aller Dinge oder so etwas Ähnliches – doch die Leere, von der im Buddhismus gesprochen wird, ist nicht die Leere, die uns alles nimmt. Leere, Leerheit, ist ein hilfreiches Konzept, um zu erkennen, dass nichts unabhängig und aus sich selbst heraus existiert, sondern dass wir ein Fluss von Bedingungen in fortwährender Bewegung sind. Sie ist ein konstruktiver Begriff, der uns hilft, unsere Selbstsucht, Getrenntheit und Isolation aufzulösen.

Doch dieses merkwürdige Mangelgefühl unterscheidet sich davon. Es betäubt und isoliert uns. Es ist wichtig, herauszufinden, welche Bedingungen zu seiner Entstehung geführt haben. Als emotionale Gewohnheit wiederholt es sich, und wir können genauer wahrnehmen, wann es verstärkt auftaucht, wann weniger und wann gar nicht. Es ist vielleicht ein altes Überlebensmuster aus unserer Kindheit, das nicht mehr notwendig ist. Wie können wir den Mangel, die Leere, füllen?

Wie kann er leichter werden und wie kann er sich verändern? Jeder von uns muss die eigenen Lebensumstände anschauen und versuchen, die Schlüssel oder Werkzeuge zu finden, die etwas verändern könnten. Für einige Menschen kann es das Musikhören sein, »sich mit Geräuschen anzufüllen«. Für andere kann es Malen sein, das Ausmalen und Kolorieren dieser Leere. Sich mit Kindern oder Tieren zu umgeben kann hilfreich sein, um sich in einfacher, positiver Weise wieder mit dem vollen Leben zu verbinden. Kann die Dunkelheit für uns zum Nachthimmel werden, an dem die Sterne leuchten?

Meditation und Depression

Bei den Retreats, die ich leite, begegne ich oft Menschen, die aufgrund ihrer Depressionen zur Meditation gekommen sind. Meditation hilft ihnen, mit dieser Krankheit und ihren Symptomen besser umzugehen. Doch es ist wichtig zu berücksichtigen, dass jeder Mensch anders ist. Einige können ihre Depression allein mit Meditation »behandeln« – doch das sind wenige. Im Allgemeinen müssen Menschen mit Depressionen Antidepressiva nehmen und oft therapeutische Hilfe in Anspruch nehmen – und zusätzlich praktizieren sie Meditation. Diese drei unterschiedlichen Methoden stehen nicht im Widerspruch zueinander, sondern ergänzen sich. Wenn jemand mitten in einer Depression steckt, erschöpft und unfähig ist, auch nur das Geringste zu tun, dann muss er sicher Antidepressiva nehmen, um wieder aus der Tiefe des depressiven

Zustandes nach oben zu kommen und eine Ebene zu erreichen, von der aus er wieder beginnen kann, aktiver zu werden, und *dann* zu meditieren und therapeutische Hilfe zu suchen vermag. Depression ist eine Krankheit, die den Betroffenen vollkommen lähmen kann und die die Tendenz hat, wiederzukommen und chronisch zu werden. Untersuchungen haben ergeben, dass einige Menschen, die eine klinische Depression erlebten, wahrscheinlich zukünftig weitere erleben werden. Es wird geschätzt, dass 50 Prozent der Patientinnen und Patienten, die eine Depression erlebten, zumindest unter einer weiteren werden leiden müssen. Wenn Depressionen mehr als zweimal aufgetreten sind, liegt die Chance, dass sich wieder und wieder welche einstellen, unglücklicherweise bei 70 bis 80 Prozent. Manche Menschen scheinen eine Langzeitanfälligkeit für diese Erkrankung zu haben. Die Daten einer fünfjährigen Studie zeigen, dass, je schneller nach der Genesung ein Rückfall erfolgt, die Wahrscheinlichkeit desto größer ist, dass die Depression zu einem gewohnheitsmäßigen Zustand wird.

Mark Williams, John Teasdale und Zindel Segal, die sich auf Studien psychologischer Modelle und Behandlungen von Depressionen spezialisiert haben, haben ein langfristiges Programm kognitiver Therapie entwickelt, um weitere Rückfälle für Menschen mit mehreren depressiven Schüben zu verhindern. (Die kognitive Therapie gilt als eine Therapie, die sich in der Behandlung von Depressionen als genauso effektiv erwiesen hat wie Antidepressiva.)

Zwischen buddhistischer Praxis und kognitiver Therapie scheint es viele Gemeinsamkeiten zu geben. Sie haben es mit demselben »Material« zu tun – dem menschlichen Leiden und wie es zu lindern ist. Sie verfolgen einen pragmatischen Ansatz, der einen tiefen Wert in Akzeptanz und Mitgefühl sieht. Dr. Aaron T. Beck, einer der Begründer der kognitiven Therapie, glaubt erstens, dass Buddhismus und kognitive Therapie eine Verpflichtung zur Selbstverantwortung teilen, dass zweitens beide Methoden auf unmittelbare Erfahrung ausgerichtet sind und drittens beide eine Art meditatives Gewahrsein benutzen.

Im Laufe ihrer Forschungen entschieden sich Williams, Teasdale und Segal dafür, den Achtsamkeitsansatz von Dr. Jon Kabat-Zinn einzubeziehen und die kognitiven Techniken zu ergänzen. In einem Zeitraum von einigen Jahren entwickelten sie ein Programm zur Behandlung von Depressionen, das heute als Mindfulness-Based Cognitive Therapy (MBCT), Achtsamkeitsbasierte Kognitive Therapie, bekannt ist: ein achtwöchiger Kurs für Patientinnen und Patienten mit mehreren depressiven Schüben. Sie fanden heraus, dass sich durch diese Gruppenkurse die Rückfallrate bei Menschen mit zuvor drei depressiven Schüben halbierte und dass sie bei Menschen mit nur zwei depressiven Schüben vergleichbar mit anderen Behandlungen war.

In ihrem Buch *Achtsamkeitsbasierte Kognitive Therapie; Ein neuer Ansatz zur Rückfallprävention* betonen die Autoren, dass »das MBCT-Programm besonders das Ausmaß reduzieren soll, in dem depressive Gedankenmuster, reaktiviert durch traurige Stimmungen, die Faktoren nähren, die für den Rückfall/das Wiederauftreten verantwortlich sind«. Sie nehmen an, dass »solches mit Traurigkeit verbundene Denken aus den wiederholten Verknüpfungen von depressivem Zustand und charakteristischen negativen Gedankenmustern innerhalb eines depressiven Schubes herrührt«. Sie befürchten, dass »die Stärkung dieser Verknüpfungen durch wiederholte Rückfälle dazu beiträgt, dass Rückfälle zunehmend automatisch und autonom geschehen und es immer weniger bedarf, um die Rückkehr der Symptome auszulösen«. Des Weiteren gehen sie davon aus, dass »die präventiven Wirkungen von MBCT besonders vom Unterbrechen dieser Prozesse während eines potenziellen Rückfalls/Wiederauftretens herrühren«. Sie schließen daraus, dass MBCT sich bei dem Depressionstypus als besonders wirksam erweist, »der nicht so sehr von unangenehmen Erlebnissen hervorgebracht wird, sondern von anhaltendem Grübeln«.

Als ich dieses Buch über MBCT las, verblüffte mich die Tatsache, dass das Programm, das sie entwickelt hatten, vollkommen mit den Vier Großen Bemühungen, wie der Buddha sie lehrte, übereinstimmte:

- Bedingungen zu kultivieren, so dass negative Geisteszustände, die noch nicht entstanden sind, nicht entstehen;
- negative Zustände loszulassen, wenn sie einmal entstanden sind;
- Bedingungen zu kultivieren, so dass positive Geisteszustände die Möglichkeit der Entstehung haben;
- positive Zustände zu bewahren, sobald sie da sind.

Während des achtwöchigen Kurses werden den Teilnehmenden verschiedene Werkzeuge des Gewahrseins, der Achtsamkeit, Erkundung und Konzentration gelehrt. Die Betonung liegt dabei auf der Körperachtsamkeit als Mittel, den Fokus und die Energie von dem negativen Geisteszustand des Grü-

belns abzuziehen. Denn Grübeln wird in Verbindung mit Niedergeschlagenheit einen depressiven Zustand auslösen. Die Menschen werden ermutigt, ihre negativen Gedanken und Gefühle zu erforschen, zu akzeptieren und loszulassen, positive Gefühle zu erkennen und darauf zu bauen, wie auch auf ihre Fähigkeit, Freude zu empfinden, und ihr Vermögen, etwas Wertvolles, Bedeutungsvolles zu erreichen.
MBCT ist eine wichtige Behandlungsmethode, die jeder, der an Depressionen leidet, kennen sollte.

Zustände und Ebenen

Wie bei den Gedanken gibt es auch bei den emotionalen Mustern drei verschiedene Ebenen: »heftig«, »gewohnheitsmäßig« und »leicht«. Wenn plötzlich etwas Unerwartetes geschieht, sind wir geschockt, und Gefühle von Wut oder Angst überschwemmen Körper und Geist. Wir können diesen Augenblick nutzen, um die Wirkungen der Emotionen in Körper und Geist kennenzulernen. Durch regelmäßige Meditation entwickeln wir die Kraft des kreativen Gewahrseins. Ist sie stark genug, können wir unsere Gefühle und deren Wirkungen tief durchdringen. Wenn wir das Leid erkennen, das sie in uns verursachen, können wir nach einiger Zeit die störenden Emotionen auflösen und uns kreativ mit dem Gefühl selbst beschäftigen sowie mit den Bedingungen, die es hervorgerufen haben.
Als ich vor kurzem im Flugzeug saß, um in die USA zu fliegen, berührte ich die Stewardess leicht an der Schulter, da ich

sie im Namen eines Mitreisenden um etwas bitten wollte. Sie fuhr mich an, sie nicht anzustoßen. Ich fühlte mich beschämt und wurde rot im Gesicht. Ich widersprach ihr nicht, sagte nicht, dass ich sie gar nicht angestoßen habe, sondern entschuldigte mich bei ihr. Ich fühlte mich sehr befangen und gehemmt, aber ließ es in meinem Geist nicht ausufern. Dieses Erlebnis zeigte mir, dass Flugbegleiterinnen wohl nicht berührt werden mögen, noch nicht einmal leicht, da sie mit so vielen Menschen in Kontakt kommen. Obwohl es also ein unangenehmes Erlebnis für mich war, hatte ich das Gefühl, etwas Wertvolles daraus gelernt zu haben.

Auf der Ebene der Gewohnheiten ist es nützlich, unsere häufig auftretenden Gefühle zu erkennen und zu sehen, wodurch wir sie übertreiben und vergrößern. Wir fühlen sie nicht die ganze Zeit. Was lässt sie stärker und häufiger auftreten? Wir müssen erkennen, wie sehr wir uns selbst daran gewöhnen. Je mehr wir uns ärgern, desto reizbarer werden wir. Es ist wichtig, diesen Teufelskreis zu durchbrechen.

Die dritte Ebene ist die eines normalen menschlichen Wesens, das während des ganzen Tages dies oder jenes fühlt. Es ist interessant wahrzunehmen, wie sich die Gefühlstönungen auf der leichten Ebene ständig verändern. Sie können erkennen, wie Sie sie intensivieren; Sie können auch damit experimentieren, wie Sie sie schwächen oder in etwas anderes verwandeln. Sie können zudem mit der Tatsache spielen, dass sich die Gefühlstönungen von selbst in etwas anderes verwandeln.

Betrachte ich die Bedingungen, die ein Gefühl hervorgebracht haben, dann kann ich oft erkennen, dass meine Reaktion unvernünftig war, da ich wollte, dass die Dinge anders sind, als sie in dem Moment sein können, und das wird mein Gefühl abschwächen. Was ich oft zu mir sage, ist: »Ich fühle jetzt das und überlege, was ich wohl in fünf Minuten fühle.« Gefühle sind viel flüchtiger, als wir glauben oder empfinden. Wenn Sie dann noch versuchen, ihren Kern zu finden, dann werden Sie erkennen, dass *sie gar keinen Kern haben*, dass sie schwer fassbar und schattenhaft sind.

Wie wir fühlen, hängt nicht nur von unseren eigenen inneren Zuständen ab. Auch äußere Bedingungen spielen eine große Rolle. Es ist wichtig zu erkennen, was unsere emotionalen Muster beeinflusst. Manchmal kann so etwas Harmloses wie ein Buch oder ein Film einen großen Einfluss auf unsere Gefühle haben. Ich lese keine Gewalt-Krimis, besonders abends nicht, da sie mich nicht gut schlafen lassen. Literatur- oder Philosophiezeitschriften eignen sich gut zum Einschlafen, es sei denn, Sie sind philosophisch interessiert. Auch genieße ich den Schwung, den mir eine gute Komödie verschafft. Wenn ich danach aus dem Kino komme, ist mir zum Lachen zumute, und die Welt sieht anders aus. Sie wirkt seltsam verzaubert.

Der meditative Ansatz besteht nicht darin, etwas zu vermeiden. Es ist nützlich, wütend zu sein, zu wissen, wie es sich anfühlt, wie unangenehm und schmerzlich es ist. Es ist menschlich, sich traurig oder freudvoll oder ängstlich zu fühlen. Buddhistischer Gleichmut hat nichts damit zu tun, keine oder nur bestimmte Gefühle zuzulassen. Er bezieht sich vielmehr darauf, sich auf jedes entstandene Gefühl kreativ einzulassen und die Kraft und Macht störender Emotionen zu schwächen. Ich werde immer noch ärgerlich oder manchmal sogar wütend, obwohl ich inzwischen seit mehr als dreißig

Jahren meditiere, aber diese Zustände dauern wesentlich kürzer an. Der Ärger bleibt nur wenige Minuten und vergeht dann. Ich kann lächeln, mich bescheiden fühlen und daraus lernen, mich wieder in der Gewohnheit verloren zu haben.

ÜBUNG

Meditation über Gefühlstönungen

Wie fühlen Sie sich in diesem Augenblick?
Erleben Sie ein angenehmes Gefühl, wenn Sie bequem da sitzen?
Ist die Gefühlstönung irgendwie unangenehm, wenn Sie sich beim Sitzen etwas unruhig und ruhelos fühlen?
Da in diesem Moment nichts geschieht, fühlen Sie sich gelangweilt? Sie können diese neutrale Gefühlstönung benutzen, um in dem beruhigenden Rhythmus des Atems zu ruhen.
Fühlen Sie sich beschwingt und glücklich? Versuchen Sie, diese Glücksgefühle wahrzunehmen und wertzuschätzen, ohne nach ihnen zu greifen.
Fühlen Sie sich niedergeschlagen und betrübt? Versuchen Sie, bei diesen Gefühlen zu bleiben, sie vollständig kennenzulernen, ohne sich darin zu verlieren oder sich damit zu identifizieren. Sie sind auf kein Gefühl zu reduzieren.
Was empfinden Sie im Brustbereich? Nehmen Sie die Beschaffenheit des Gefühls wahr, bevor Sie es benennen. Atmen Sie sanft hinein.
Spüren Sie eine störende Emotion, dann lösen Sie deren Energie auf, indem Sie sich auf den Atem oder auf die Geräusche konzentrieren, und entspannen Sie Ihren ganzen Körper.

Nehmen Sie die Geschichte in Ihrem Kopf wahr, die die störende Emotion begleitet. Schauen Sie, ob Sie sie loslassen können.
Wenn Sie wieder aufstehen, versuchen Sie, während des Tages der Gefühlstönungen freundlich und nichtwertend gewahr zu werden. Seien Sie interessiert, aber nicht in egomanischer Art. Beobachten Sie, ob Sie auch auf die Gefühle anderer neugierig sind oder auf das, was sie zu fühlen scheinen.

6
Körpersignale

Wenn etwas ... entwickelt und kultiviert ist,
dann ist der Körper beruhigt, der Geist ist beruhigt,
diskursive Gedanken sind beruhigt;
und alle heilsamen Geisteszustände, die an der Höchsten
Weisheit teilhaben, erreichen ihre vollständige Entfaltung.
Was ist dieses Etwas?
Es ist die auf den Körper ausgerichtete Achtsamkeit.

DER BUDDHA

Das Gewahrsein des Körpers

Wenn wir unseren Körper eine Zeitlang beobachten, werden wir feststellen, dass wir körperliche Empfindungen erleben, die relativ häufig wiederkehren und gut erkennbar sind. Es scheint, als hätte jeder von uns bestimmte körperliche Gewohnheiten, die durch unsere Biologie, den Einfluss der Welt auf unseren Körper und unsere physischen Aktivitäten bedingt sind. So habe ich zum Beispiel regelmäßig Probleme mit meinem Magen und meinem Rücken. Ist es mir kalt oder klamm, schmerzt mein Rücken. Der Ursprung dieser Muster kann rein physisch sein, aber er kann auch mit anderen geistigen und emotionalen Mustern verbunden sein. Bei Stress habe ich beispielsweise schneller Magenprobleme. Die Neigung, sich in geistigen Erlebnissen zu verlieren und damit in Zerstreutheit, führt zudem zu einer unterbrochenen Beziehung zu unserem Körper. Für unser Überleben ist der Körper essenziell, aber wir scheinen es in mancherlei Hinsicht vorzuziehen, seine Existenz zu ignorieren. Oft benutzen wir unseren Körper wie ein Lasttier, von dem wir hoffen, dass es uns keinen Ärger macht und einfach seine Pflicht erfüllt. Körperliche Schmerzen können Signale sein, die uns der Körper gibt, um uns zu sagen, dass ihm etwas fehlt und bestimmte Bedürfnisse in Betracht gezogen werden sollten.

In Korea erlebte ich zum ersten Mal eine Ischialgie, also einen »Hexenschuss«, jedenfalls heftige Schmerzen, die von einem eingeklemmten Nerv am unteren Rücken verursacht wurden. Zurück in Europa, hatte ich dann sogar regelmäßig Probleme mit dem Ischias. Das war sehr schmerzhaft, aber ich konnte damit umgehen, bis eine Attacke schließlich so schlimm war, dass ich drei Monate lang kaum auf einem Stuhl sitzen konnte. Über die physischen Bedingungen nachsinnend, konnte ich erkennen, dass offenkundig nicht jeder an Ischiasproblemen leidet und dass ich ausgehend von dieser Tatsache schließen musste, an einer körperlich-biologischen Schwäche zu leiden, die mich dafür anfällig machte. Da ich nicht ständig Schmerzen hatte, begann ich die Bedingungen zu untersuchen, die diese Schmerzen hervorriefen, und fragte mich, ob ich da nichts tun könnte. War ich dazu verurteilt, immer wieder einen Hexenschuss zu bekommen?

Ich nahm wahr, dass ich ihn bekam, wenn es mir kalt war, wenn ich etwas Schweres aufhob, wenn ich in bestimmter Weise kniete und wenn ich zu lang im Garten arbeitete. Ich hätte mich nun entscheiden können, nie mehr etwas anzuheben, nie mehr zu knien, im Garten zu arbeiten oder mich an einen kalten Ort zu begeben. Doch würde daraus ein Vermeidungsmuster resultieren, das seinen eigenen Stress mit sich brächte. Ich musste mich anders auf diese Aktivitäten einstellen. Doch zuvor musste ich mir meines Körpers bewusster werden, und das nicht nur, wenn er schmerzte.
Die buddhistische Meditation über den Körper ist ein großartiges Mittel dazu. Sie befähigt uns, unseren Körper wirklich zu bewohnen und seiner in tiefer Weise gewahr zu werden. Beginnen Sie damit, indem Sie systematisch Ihren Körper scannen, vom Kopf bis zu den Zehen. Nehmen Sie jede Empfindung in jedem Teil Ihres Körpers wahr. Versuchen Sie, nicht nach einer Empfindung zu greifen oder sie zurückzuweisen; nehmen Sie sie nur mit objektivem, aber fürsorglichem Interesse wahr.
Wie fühlt sich Ihr Schädel an? Wie fühlt sich die Luft an Ihren Wangen an? Nehmen Sie langsam jeden Teil Ihres Körpers wahr: den Nacken, die Schultern, den Rumpf (vorne und hinten), die Arme, die Hände, die Beckengegend (vorne und hinten), die Oberschenkel, die Knie, die Unterschenkel, die Fußgelenke, die Füße.
Strengen Sie sich nicht an, Empfindungen hervorzurufen oder sich vorzustellen, nehmen Sie nur wahr, wie sich Ihr Kopf oder ein Knie anfühlt. Die Empfindungen können ganz fein und sanft sein, wie Sonnenwärme auf unserer Haut, oder sie können auch intensiv und heftig sein, wie ein scharfer

Schmerz im Darm, oder gespannt, wie ein Knoten im Rücken.

Benennen oder analysieren Sie die Empfindung nicht, versuchen Sie einfach, sie kennenzulernen und sie so zu erleben, wie sie ist. Richten Sie sich konzentriert auf die physischen Elemente Ihres Seins aus. Widmen Sie sich Ihrem Körper und werden Sie seiner vollkommen gewahr. Der Körper wird in diesem Moment zum Anker. Seien Sie still und ruhig, offen für den Körper, so, wie er ist.

Der Körper gibt uns die grundlegende Fähigkeit, Empfindungen zu erleben. Empfinden ist eine ursprüngliche, grundlegende Weise, in Kontakt und Beziehung zur äußeren Welt und zum eigenen Körper zu treten. Diese Beziehung und Erfahrung ist verbindend. Wenn wir das näher untersuchen, können wir die »Nahtlosigkeit« der Kontaktempfindung erfahren. Sind wir zum Beispiel aufmerksam für den Kontakt unserer aufeinanderliegenden Hände, so empfinden wir, dass die eine Hand mit der anderen in nahtlosem Kontakt ist. Wir können nicht sagen, wo die eine anfängt und die andere aufhört. Sind wir wach für diese sinnliche Erfahrung der Verbundenheit, dann können wir auch sehen, dass wir Menschen nicht getrennt und isoliert voneinander sind. Obwohl uns der Körper auch einkapselt, verbindet er uns zur gleichen Zeit. Durch ihn sind wir mit der ganzen Welt verbunden. Die oben beschriebene Meditation lässt uns diese grundlegende Tatsache erfahren und verstehen.

Durchdringende Empfindungen

Meditatives Erkunden des Körpers hilft Ihnen auch, intensiven Empfindungen in größerer innerer Weite zu begegnen, besonders denen des Schmerzes und des Unbehagens. Wenn Sie Ihre Aufmerksamkeit auf diese starken oder intensiven Empfindungen richten, dann nehmen Sie sie auf einer neutralen Ebene wahr, ohne sie zu benennen oder sich mit dem schmerzenden Körperteil oder mit dem Schmerz selbst zu identifizieren. Identifizieren Sie sich auch nicht mit der den Schmerz begleitenden Angst oder Abneigung. Durchdringen Sie die Empfindungen in einer fokussierten und erkundenden Weise, so werden Sie ihre fließende und sich ständig verändernde Natur erfahren können. Das ermöglicht Ihnen, sich nicht zu verengen und sie festzuhalten. So werden Sie den Schmerz nicht verstärken oder vergrößern.

Malcom Huxter, ein Meditierender und Psychotherapeut, beschreibt diesen Prozess so: »Wenn meine Aufmerksamkeit sich mit einer Qualität der Offenheit direkt auf das Zentrum der Empfindungen ausrichten konnte, dann erlebte ich die essenzielle Natur des Schmerzes als Raum. Aus diesem Raum heraus gab es Eigenschaften der Härte, Hitze, Bewegung und Momente des Brennens, der Schärfe, des Ziehens und Krümmens. All diese Elemente kamen aus diesem Raum wie kleine Explosionen, verwandelten sich dann in etwas anderes und verschwanden wieder.«

Als ich einmal an einem einmonatigen Schweige-Retreat in Massachusetts teilnahm, hatte ich nach drei Tagen Magenprobleme, die die ganze Zeit über andauerten. Die Aussicht, so viele Tage mit Schmerzen zu meditieren, beunruhigte mich, aber ich beschloss, das auszuhalten. Es war in der Meditation faszinierend zu sehen, wie veränderlich diese Schmerzempfindung war. Ich erlebte, wie sie fortwährend Form und Gestalt änderte, und war überrascht über ihr plötzliches Ausbleiben. Als ich so deutlich wahrnahm, dass der Schmerz nicht solide, fest und beständig war, konnte ich mich freier mit ihm fühlen und die Bedingungen untersuchen, die ihn verstärkten oder abschwächten. Wenn ich mich öfter hinlegte und Gehmeditation machte, war der Schmerz weniger heftig. Indem ich häufiger zwischen den verschiedenen Meditationshaltungen wechselte, verfestigte sich der Schmerz nicht oder wurde unerträglich. Ich konnte also weiter meditieren. Wir müssen aber vorsichtig sein, wenn wir diese Achtsamkeitsmeditation benutzen, um uns unseren Beschwerden zu widmen. Manchmal können wir einfach beobachten, wie sie kommen und gehen. Zu anderen Zeiten müssen wir vielleicht ärztliche Hilfe in Anspruch nehmen, um untersuchen zu lassen, ob der Schmerz nicht auf eine ernste Erkrankung hinweist. Manchmal ist der Schmerz auch so heftig, dass wir ihn nicht ertragen und Schmerzmittel nehmen und bestimmte Aktivitäten vermeiden oder einschränken müssen.

Meine Magenprobleme sind eine körperliche Gewohnheit, die ich schon seit langer Zeit habe. Es begann damit, dass ich in meiner Kindheit bestimmte Nahrung schlecht verdauen konnte. In Korea hatte ich dann oft Magenschmerzen. Meine erste Reaktion darauf war, mich im »*Warum-Ich*«- und dann dem »*Ich-Arme*«-Syndrom zu verlieren. Dann erkannte ich, dass der Buddha von diesem Leiden in der ersten seiner Vier Edlen Wahrheiten gesprochen hatte. Der Buddha hatte nicht gesagt, dass alles im Leben leidvoll sei, sondern dass es im Leben viele Gelegenheiten zum Leiden gebe. Ich habe diese Wahrheit besonders in Korea verstanden.

Der Buddha lehrte, dass Leiden aus bestimmten Bedingungen heraus entsteht. Woher kamen dann meine Magenschmerzen? Es dämmerte mir schließlich, dass sie während zweier jährlicher Zeremonien, bei denen ich in der Küche half, besonders heftig waren. Bei diesen Gelegenheiten gab es ein besonderes Festessen.

Ich probierte dann viel und schlang das hinunter, was mir schmeckte. Das war zu viel für meinen Magen. Er konnte die Wirkung der Zweiten Edlen Wahrheit in Aktion – Begehren – nicht bewältigen.

Die körperlichen Symptome waren Signale, um mir diese schmerzvolle Gewohnheit zu Bewusstsein zu bringen.

Ich wurde sorgsamer und aufmerksamer, um der Gewohnheit nicht aus Neugierde und Gier nachzugeben, und das gastritische Muster entstand nicht. Es war einfacher, als ich gedacht hatte. Vorsatz und Aufmerksamkeit sind effektive Werkzeuge zur Auflösung von Gewohnheiten. Diese Art des Vorsatzes sollte nicht mit der Liste guter Vorsätze verwechselt werden, die wir zu Beginn eines neuen Jahres machen. Zu denken, es wäre gut, mit dem Rauchen aufzuhören oder sich mehr zu bewegen, wird auf der Ebene des Wunschdenkens bleiben, wenn es nicht auf etwas Konkretem und einer tiefen Absicht gründet. Absicht und Vorsatz sind dann effektiv, wenn sie sich mit Gewahrsein und auf Erfahrung beruhender Weisheit verbinden. Sich der Schmerzen und der Bedingungen bewusst zu werden, die zu ihnen geführt haben, lässt die konkrete Situation sichtbar werden. Schenken wir diesen Bedingungen wirklich Aufmerksamkeit, nicht um sie oder den Schmerz auslöschen zu wollen, sondern um für das präsent zu sein, was geschieht, dann können wir geschickt darauf antworten, statt blind zu reagieren.

Ich erlebe noch immer das Verlangen nach diesem wohlschmeckenden, gebratenen Essen während der Festtage in Korea. Ich spüre, wie mir das Wasser im Munde zusammenläuft, aber ich handle nicht deswegen, denn ich kenne auch die Schmerzen, die das nach sich zöge. Würde ich dieses Essen zu mir nehmen, würde ich bewusst »ja« zu einem Dasein als Sklavin, zu einer Fortführung des Musters sagen. Vorsätze und Absichten dagegen geben uns Wahlfreiheit und werden durch unseren Selbstschutz unterstützt. Wenn wir uns einmal mit Hilfe meditativen, kreativen Gewahrseins entschlossen haben, anders zu handeln, dann wird es einfacher, diese Wahl wieder und wieder zu treffen. Wir sind dann frei von der betreffenden Gewohnheit, bis wir unseren Vorsatz und die Wahlmöglichkeit vergessen und die Gewohnheit wieder auftaucht und erneut als Signal handelt.

Stress

Nach meiner Rückkehr aus Korea hatte ich viele Jahre lang keine heftigen Magenschmerzen mehr. Ich wähnte mich schon relativ frei von dieser physischen Gewohnheit, bis ich ihre psychischen Komponenten erlebte: Eines Tages war ich ganz erstaunt, wieder Magenschmerzen zu haben. Woher kamen sie? Das Essen in Europa war gut, und ich überaß mich nicht. Doch als ich meine emotionalen und mentalen Zustände beleuchtete, sah ich, dass ich ängstlich und besorgt war, weil ich unsere Abreise für einen längeren Aufenthalt in Südafrika plante. Ich war ständig damit beschäftigt, im Kopf durchzuexerzieren, wie ich das Haus dann hinterlassen und die Koffer packen würde, und ich versuchte mich daran zu erinnern, was ich nicht vergessen durfte.

Das schuf eine unterschwellige stressvolle Besorgtheit, die zu viel Magensäure produzierte und damit Schmerzen. Sobald ich mir meiner Sorgen bewusst wurde, konnte ich sie loslassen, da ich erkannte, dass sie die Schmerzen verursachten und vollkommen unnötig waren. Ich musste planen, mich aber nicht darum sorgen. Meine Aufgabe lag darin, das Übertriebene und Ausufernde daran aufzulösen und nicht mit der Aktivität selbst aufzuhören. Von daher musste ich mich kreativ mit dem Übertreiben und Aufbauschen beschäftigen. Ich übertrieb es darin, mich permanent daran zu erinnern, dieses Teil einzupacken und mir jenes zu notieren.

Wenn wir beginnen, unsere physischen Gewohnheiten und deren Verbindung zu unseren emotionalen und mentalen Gewohnheiten zu verstehen, können wir lernen, sie weniger negativ zu verknüpfen. Stress ist eine Kombination von mentalen, emotionalen und physischen Zuständen, die auf die äußere Welt treffen. Seine physischen Wirkungen sind Signale, die zeigen, was wir unserem Körper zumuten. Wenn wir uns zu sehr antreiben, wird der Körper nach einer Weile reagieren. Der Körper kann nur ein bestimmtes Maß an Stress ertragen.

In Bezug auf Stress kann es hilfreich sein, die Müdigkeit anzuschauen. Was tun Sie, wenn Sie müde sind? Körperliche

Müdigkeit belastet Ihr System. Sind Sie ein zorniger Typ, dann werden Sie ärgerlich; sind Sie ein passiver Typ, werden Sie sich hoffnungslos fühlen. Das Gefühl wird so zum Signal für das physische Muster. War ich in gereizter Stimmung, suchte ich oft nach Angriffszielen für meinen Ärger, was unangenehme Konsequenzen für die Menschen in meiner Umgebung hatte, bis ich hinter meine Gereiztheit sah und die Müdigkeit entdeckte. Wenn ich mich heute gereizt fühle, dann schaue ich als Erstes auf meinen Körper. Nehme ich wahr, dass ich müde bin, suche ich nach einer Möglichkeit, mich auszuruhen, was meine Laune hebt.

Intensives geistiges Proben kann einen starken, stressvollen Effekt auf den Körper haben, und oft haben Menschen mit dieser Gewohnheit Magengeschwüre. Eine starke geistige Vorstellungskraft kann uns ängstigen und zu Überspanntheit führen, was sich wiederum auf das Herz auswirken wird. Erliegen wir einer deprimierten Stimmung, wird uns das lustlos und apathisch machen, so dass wir nicht nach draußen gehen und uns bewegen. Es war faszinierend zu sehen, wie ein Psychologe im Fernsehen einer Frau, die unter zwanghaftem Verhalten und unbegründeten Ängsten litt, empfahl, für eine Stunde ins Fitness-Studio zu gehen. Die Frau fühlte sich danach belebt, und ihre Stimmung hatte sich radikal verändert.

Stressbewältigung durch Achtsamkeit

Eine der grundlegenden Bestandteile der buddhistischen Meditation ist Achtsamkeit. Achtsamkeit ist die Fähigkeit, aufmerksam und bewusst zu sein. Achtsamkeit ist auch das Vermögen, sich die eigenen Absichten wieder ins Gedächtnis zu rufen. Wie der Buddha im Zitat zu Beginn dieses Kapitels sagt: »Wenn etwas ... entwickelt und kultiviert ist, dann ist der Körper beruhigt, der Geist ist beruhigt, diskursive Gedanken sind beruhigt; und alle heilsamen Geisteszustände, die an der Höchsten Weisheit teilhaben, erreichen ihre vollständige Entfaltung. Was ist dieses Etwas? Es ist die auf den Körper ausgerichtete Achtsamkeit.«

Dr. Jon Kabat-Zinn, ein promovierter Molekularbiologe, Autor und langjähriger Meditierender, entwickelte an seiner Klinik zur Stressbewältigung ein Trainingsprogramm, das auf Meditation und Yoga-Übungen beruht.

Er erlebte Meditation und Yoga für sich selbst als sehr hilfreich und führte daraufhin Studien durch, um seine eigenen Erfahrungen zu unterstützen. Er entwickelte dann ein sehr wirkungsvolles Programm, das sogenannte »Mindfulness-Based Stress Reduction« (MBSR), auf deutsch »Stressbewältigung durch Achtsamkeit«, das inzwischen überall auf der Welt gelehrt und eingesetzt wird. Er fand heraus, dass Achtsamkeit den Menschen helfen kann, gesund zu werden und eine stabilere Gesundheit zu entwickeln. Er glaubt, dass Medikamente bei chronischen Krankheiten und Schmerzen oft nicht ausreichen. Die Patienten müssen befähigt werden, sich selbst zu helfen, indem sie sich ihres Körpers bewusster werden und auch indem sie sich Zugang zu ihren inneren Ressourcen schaffen, um ihre Heilung im Zusammenwirken mit den Ärzten voranzutreiben. Er glaubt, dass »Meditation für die Heilungsarbeit ein Katalysator ist«. Die Menschen, die seine Klinik aufsuchen, kommen dorthin, weil ihre Ärzte meinten, es könne ihnen helfen, den Stress, der zu ihrer Krankheit geführt oder dazu beigetragen hat, zu mindern. Ein Teilnehmer, Peter, kam nach einem Herzinfarkt in die Klinik, um einem weiteren vorzubeugen. Mit Hilfe der Achtsamkeit, die er durch die Meditationspraxis entwickelte, erkannte er, als er noch spät am Abend sein Auto wusch, dass »er dies nicht hätte tun müssen«. Er sah deutlich, dass er sich selbst den Stress schuf und er durch die Gewohnheit, zu viel in einen Tag zu packen, seinen körperlichen Zustand verschlimmerte. Die Achtsamkeitsmeditation half ihm, dieses Muster zu erkennen und in Frage zu stellen, so dass er seine Zeit nicht mehr als schwindendes Bankkonto betrachten musste. Auch seinen Körper vermochte er nun als wert zu erachten, sich um ihn zu kümmern und ihm Aufmerksamkeit zu schenken.

Das Klinikprogramm dauert acht Wochen und erfordert Praxis und verpflichtendes Engagement. Die Menschen in der Klinik haben mentale und physische Schmerzen und suchen Linderung und einen gewissen geistigen Frieden. Kabat-Zinn und seine Mitarbeiterinnen und Mitarbeiter überprüfen regelmäßig die Wirksamkeit des Programms. Sie haben herausgefunden, dass die Achtsamkeitsmeditationen auf Atem und Körper für die meisten Patienten die hilfreichsten Techniken sind. Der Vorteil, sich auf den Atem auszurichten, liegt darin, dass dies jederzeit und überall geschehen kann und dass es Menschen hilft, ziemlich schnell ruhig und präsent zu werden.

In der Klinik liegt der Schwerpunkt auf der Körperachtsamkeitsmeditation, und alle Patienten müssen sie mindestens in den ersten vier Wochen des Programms praktizieren. Diese Meditation hat sich als ganz wesentlich dafür erwiesen, den Patienten ein erstes Gefühl von Wohlbefinden und innerer Weite zu geben.

Für seine eigene Gesundheit empfand Kabat-Zinn auch Yoga als sehr förderlich. Das ist einer der Gründe, warum er achtsame Hatha-Yoga-Übungen in sein Programm integriert hat. Sie werden sehr langsam ausgeführt, und der Fokus liegt auch dabei auf dem Atem und den körperliche Empfindungen, während die Bewegungen ausgeführt werden. Die achtsamen Yoga-Übungen in der Klinik können Patienten zu einem Durchbruch in ihrer Beziehung zum Körper und dessen Gewohnheiten verhelfen. Das Ziel der Übungen ist es, den Körper sowohl zu dehnen und zu trainieren als auch ihn zu kräftigen. Achtsamer Yoga ermöglicht den Patienten, sich ihrer Grenzen bewusster zu werden – und ihrer Möglichkeiten. Oft machen sie die Erfahrung, dass sie die Übungen schaffen, und sie realisieren dadurch, dass sie viel beweglicher und stärker sind, als sie angenommen hatten.

Manche Menschen haben die Gewohnheit, ihren Körper zu ignorieren und überzustrapazieren. Andere haben die gegenteilige Gewohnheit und sind ängstlich und besonders vorsichtig, wenn es um ihren Körper geht, was dazu führt, dass er weniger beweglich und kräftig ist. Wir müssen einen mittleren Weg finden zwischen zu starker Anspannung und zu starkem Schutz unserer selbst.

Von daher ist ein sehr intimes Gewahrsein unseres Körpers so entscheidend.

Mit chronischen Schmerzen umgehen

Was können wir bei chronischer Krankheit oder chronischen Schmerzen tun? Wie kann Meditation da helfen? Werden wir uns durch Gewahrsein und Achtsamkeit nicht noch deutlicher unserer Schmerzen und Probleme bewusst, und werden sie dadurch nicht noch leidvoller?

Bei meinen Meditations-Retreats kommen immer einige Menschen mit ernsten chronischen Gesundheitsproblemen. Auch wenn die Retreats im Schweigen stattfinden, genießen sie es, den Raum mit vierzig oder sechzig Menschen in einer ruhigen, unterstützenden und sicheren Umgebung zu teilen. Sie nehmen am Tagesablauf des Retreats im Rahmen ihrer Möglichkeiten teil. Manche müssen in ihrem Zimmer ruhen, andere meditieren im Liegen. Doch alle meditieren, weil es ihnen hilft, mitfühlender und weiser mit ihrem mentalen, physischen und emotionalen Leiden umzugehen.

Chronische Schmerzen haben die Tendenz, mentale und emotionale Muster hervorzuheben und zu schärfen. Es ist sehr schwierig, sich nicht hoffnungslos, abgeschnitten, isoliert, ignoriert, alleingelassen, missverstanden, verzweifelt zu fühlen, wenn man an fortwährenden, entkräftigenden Schmerzen leidet. Unter solchen Umständen können sich die negativen Gewohnheiten verhärten. Dann leidet man doppelt. Einmal leidet man aufgrund der tatsächlichen Krankheit und darüber hinaus an dem mentalen und emotionalen Schmerz, der die eigene Haltung zur Krankheit prägt.

Darlene Cohen, eine Zen-Priesterin und Lehrerin, die dreiundzwanzig Jahre lang an einer rheumatischen Arthritis litt, beschreibt in ihrem Buch *Dein Bewusstsein ist stärker als jeder Schmerz*, wie Meditation, Körperachtsamkeit und Bewegung ihr geholfen haben, mit dieser schmerzhaften und zu Lähmungserscheinungen führenden Krankheit auf effektive und kreative Weise umzugehen. Sie meint, dass wir bei chronischen Schmerzen die Schmerzen genau kennenlernen und das Leiden anerkennen müssen, das sie uns verursachen, statt vor ihnen zu fliehen. Zur gleichen Zeit müssen wir unser Potenzial, glücklich zu sein und Entdeckungen zu machen, entfalten.

Ihrer Erfahrung nach sind »Empfindungen Informationen über den Körper«. Aus diesem Grund ist die Achtsamkeitsmeditation von so großer Hilfe. Dadurch lernen wir unseren Körper genau kennen und bekommen sinnvolle Informationen über ihn, anstatt uns vom Körper abzuwenden. Bei chronischen Schmerzen, sagt Cohen, neigen wir dazu, an der Vergangenheit festzuhalten, die schmerzfrei war, und halten somit gleichzeitig in negativer Weise an der Gegenwart fest, in der wir Schmerzen haben. Dies ist kein effektiver Weg, mit Schmerzen umzugehen, und er verstärkt sie tatsächlich noch.

Wenn ich wirklich müde bin oder Schmerzen habe und diese Zustände nicht bekämpfe, sondern akzeptiere, aufhöre, etwas zu tun, und mich stattdessen hinlege, lese und mich ausruhe, dann erlebe ich Entspannung und Frieden und erhole mich im Allgemeinen recht schnell. Nach zwei oder drei Tagen bin ich stressfrei. Nach vielen intensiven Aktivitäten oder einer Krankheit sollten wir auf unseren Körper hören, uns Erholungszeit gönnen und nicht dem Trugschluss des Aktivitätsmusters verfallen, dem zufolge wir nur existieren, wenn wir auf einem hohen Niveau arbeiten und uns selbst unentwegt antreiben.

Als Darlene Cohen die Gesamtheit ihrer Erfahrungen zu erforschen begann, anstatt sich auf ihren Schmerz zu reduzieren, entdeckte sie eine ganze Welt von wechselhaften, sich verändernden Empfindungen. Wir können uns in unserem Schmerz verlieren und uns auf ihn reduzieren, indem wir ihn vergrößern, oder wir können ihn als ein Element unter vielen anderen erleben. Gehen wir mit Schmerz in dieser Weise um, wird uns das von geistiger Zerstreutheit wegführen, so dass wir unserer praktischen, organischen Existenz gewahr bleiben. Richten wir unsere Aufmerksamkeit dann mit mutiger und zugleich sanfter Entschlossenheit auf den gesamten Augenblick, können wir Interesse an den verschiedenen Elementen in diesem Augenblick entwickeln und uns von ihnen sogar bezaubern lassen, wie von dem Geräusch des Regens oder von den sich bewegenden Schatten des Lichts auf der Wand neben dem Fenster. Als ich einmal für fünf Tage unbeweglich in einem Krankenhausbett liegen musste, verbrachte ich die meiste Zeit damit, aus dem Fenster zu schauen und den Himmel, die Wolken und deren Veränderungen zu betrachten. Es war lebendig und friedvoll zur gleichen Zeit.

ÜBUNG

Körperachtsamkeit

Legen Sie sich in einer bequemen Haltung auf eine Decke oder eine andere Unterlage auf den Boden oder auf ein Bett. Schließen Sie die Augen und entspannen Sie; Ihr Körper liegt lang auf dem Boden, und die Arme ruhen zu beiden Seiten des Körpers.

Schenken Sie nun den Empfindungen im Kopfbereich Aufmerksamkeit: dem Schädel, Gesicht, Kopfinneren.

Werden Sie des ganzen Kopfes gewahr, ohne nach einer Empfindung zu greifen oder eine zurückzuweisen.

Richten Sie dann die Aufmerksamkeit auf den Nacken. Spüren Sie die Haut dort, das Innere des Nackens.

Gehen Sie dann zu den Schultern über. Nehmen Sie den Kontakt der Kleidung mit den Schultern wahr, dann den Kontakt der Schultern mit dem Boden oder dem Bett.

Als Nächstes gehen Sie mit Ihrer Achtsamkeit zu beiden Armen und Beinen, nehmen Sie deren Gewicht wahr.

Dann werden Sie gewahr, wie Ihr Rücken aufliegt. Spüren Sie irgendwelche starken Empfindungen, dann richten Sie Ihre Aufmerksamkeit auf die betreffende Stelle und erfahren Sie das Fließen der Empfindungen.

Gehen Sie dann zu Ihrem Rumpf. Nehmen Sie den Kontakt der Kleidung mit der Brust wahr und bemerken Sie die »Nahtlosigkeit« der Erfahrung.

Werden Sie dann Ihres Gesäßes gewahr und aller Empfindungen in diesem Bereich.

Kommen Sie dann zum Beckenbereich. Benennen Sie Ihre Empfindungen nicht. Können Sie bei den Empfindungen sein, so wie sie sind?

Nehmen Sie achtsam Ihre Oberschenkel, vorne und hinten, wahr. Lassen Sie bewusst alle Spannungen in diesem Teil des Körpers los.

Richten Sie die Aufmerksamkeit dann auf die Knie. Ist da ein leichter Schmerz, greifen Sie nicht danach, sondern durchdringen Sie ihn, ohne sich mit ihm zu identifizieren.

Richten Sie die Aufmerksamkeit dann auf Unterschenkel und

Fußgelenke. Nehmen Sie wahr, wie Empfindungen kommen und gehen.

Wenden Sie dann Ihre Aufmerksamkeit den Füßen zu. Spüren Sie in die Füße hinein. Fühlen Sie die Fußsohlen.

Werden Sie schließlich Ihres ganzen Körpers gewahr, seines Gewichtes, seiner Energie, seines Pulsierens.

Bewegen Sie sanft die Zehen, lassen Sie achtsam Schultern und Arme rotieren, bewegen Sie Beine und Füße, bevor Sie aufstehen.

Erheben Sie sich dann mit Bewusstheit und Achtsamkeit. Stehen Sie für einige Sekunden da und werden Sie des gesamten stehenden Körpers gewahr.

Wenn Sie sich dann bewegen, um Ihren weiteren Verpflichtungen nachzugehen, versuchen Sie, die Achtsamkeit für den Körper aufrechtzuerhalten. Schenken Sie von Zeit zu Zeit der Körperhaltung Ihre Aufmerksamkeit.

Versuchen Sie, sich bewusst zu werden, wie Sie mit Ihrem Körper umgehen und ihn einsetzen.

Benutzen Sie den Kontakt mit dem Körper, um sich aus geistiger Zerstreutheit weg und hinein in die organische Welt zu bewegen.

Nehmen Sie zum Beispiel den Kontakt Ihrer Füße mit dem Boden wahr oder die Kühle des Windes auf Ihren Wangen.

7
Die Sucht besiegen

Der Gedanke manifestiert sich als Wort.
Das Wort manifestiert sich als Tat.
Die Tat wird zur Gewohnheit.
Und die Gewohnheit verfestigt sich zum Charakter.
Beobachte daher den Gedanken und seine Wege mit Umsicht.
Lass ihn der Liebe entspringen,
geboren aus der Sorge für alle Wesen.

ANONYMUS

Suchtgewohnheiten

Wie im Zitat oben ausgedrückt (das in leicht abgewandelten Formen verschiedenen Quellen zugeschrieben wird), werden wir, je mehr wir in einer bestimmten Weise denken, auch in einer bestimmten Weise reden und in einer bestimmten Weise handeln. Mit der Zeit werden diese Gewohnheiten immer stärker. Werden Muster schließlich zu Suchtgewohnheiten, dann können sie äußerst destruktiv werden.
Die französischen Ärzte und Suchtexperten Marc Valleur und

Jean-Claude Matysiak sprechen hier von einem »Erdnuss-Effekt«. Wenn Sie mit Freundinnen und Freunden etwas trinken, gibt es zum Knabbern oft gesalzene Erdnüsse. Sie essen welche, dann noch welche und noch welche. Nach einer Weile sind Sie satt und müssten keine mehr essen, aber Sie tun es weiter. Sie sind schließlich unfähig, damit aufzuhören. Es ist zu einer Gewohnheit geworden, die noch dann in uns wirkt und uns antreibt, wenn das anfängliche Vergnügen verschwunden ist.

Die herausfordernde Frage ist dabei: Was ist es, das wir brauchen? Was ist es, das wir wollen? Wann wird ein einfaches Bedürfnis zu einer Begierde? Was ist das Minimum, das wir brauchen? Was ist, wenn wir ohne etwas nicht mehr leben können?

Wir müssen essen und trinken. Wir müssen uns anziehen, um uns vor Kälte zu schützen, und eine Behausung haben, damit wir sicher sind und es warm haben. Wir brauchen Medikamente, die uns heilen. Wir müssen auch lieben dürfen, uns entspannen und uns zugehörig fühlen.

Begierden, Impulse und Triebe können leicht im Gewand von Bedürfnissen daherkommen. Wir haben vielleicht das Gefühl, wir bräuchten mehr Sex, mehr Kleidung oder noch eine weitere Flasche Wein. Ein Bedürfnis kann sich destruktiv zu einer Begierde wandeln, die uns und anderen abträglich ist. Es gibt sehr viele verschiedene Ebenen von Bedürfnissen und Abhängigkeiten; einige sind gesund, andere nicht. Was erfüllen diese starken Impulse, was ersetzen sie, was verdrängen sie? Können wir mit Hilfe des Gewahrseins und der Achtsamkeit für einen Moment innehalten und die Erfahrung von Suchtgewohnheiten erkunden? Können wir die Gefühle, Gedanken und Empfindungen erforschen, die diese Gewohnheiten auslösen und zu ihnen beitragen? Können wir mit ihnen kreativer, tragfähiger umgehen?

Suchtmuster

Sind wir süchtig, sind wir in einem Muster von Begierde und Verlangen gefangen. Die suchterzeugende Substanz oder das Suchtverhalten dominiert unser ganzes Sein – mental, psychisch, emotional, physisch und spirituell. Es bestimmt und diktiert unser Verhalten und sogar unseren Lebenssinn. Wenn das geschieht, sind wir keine freien Akteure in unserem eigenen Leben mehr.

In Großbritannien gibt es den Prison Phoenix Trust, eine Organisation, die Gefangene Meditation und Yoga lehrt. Diese Organisation bringt einen vierteljährlich erscheinenden Newsletter heraus, der auch Briefe von Gefangenen enthält. Viele dieser Gefangenen sind Drogenabhängige, und es ist sehr inspirierend zu sehen, welch befreiende Wirkung Meditation und Yoga auf diese Männer und Frauen hat. Einer der Gefangenen beschrieb, dass Meditation ihm half, von seiner Sucht loszukommen, indem sie ihm ermöglichte, sich frei zu fühlen, und er nicht länger meinte, die Welt um sich herum kontrollieren zu müssen.

Teil des meditativen Pfades ist es, »den Gedanken und seine Wege mit Umsicht zu beobachten. Lass ihn der Liebe entspringen, geboren aus der Sorge für alle Wesen«. Das ist eine Meditationsanweisung und gleichzeitig eine Wirkung der Meditation. Meditation ist etwas, das entwickelt und kultiviert werden muss, und gleichzeitig liegt in dieser Kultivierung die Wirkung: die Öffnung des Ichs und des Herzens. Es ist berührend, dies in den Zeugnissen der Gefangenen zu sehen. Ein 38-jähriger Mann, der seit seinem vierzehnten Lebensjahr Drogen genommen hatte, schrieb, dass er sich während dieser Jahre der Sucht nicht um andere geschert und ihnen geschadet hatte. Doch als er seine Sucht besiegte und Meditation und Yoga praktizierte, half ihm das, zu erkennen, dass es noch andere neben ihm gab und er mit ihnen in Verbindung stand.

Die Gefangenen erleben die Meditation als hilfreich, um sich selbst zu akzeptieren und ihrem inneren mentalen und emotionalen Aufruhr mit größerer Weite und Leichtigkeit zu begegnen. Auch nach ihrer Entlassung aus dem Gefängnis profitierten sie von der Meditation. Die Muster geistiger Obsessionen und körperlicher Zwänge, die zu Abhängigkeit und Sucht führen, sind nur schwer aufzulösen. Doch scheint die Meditation dazu beitragen zu können, einen Raum innerhalb dieser Muster zu schaffen. Dann können die Menschen andere Erfahrungen machen, eine andere Dimension ihrer Existenz erleben. Sie können entdecken, dass ihre Fähigkeiten größer sind, als sie jemals gedacht hatten. Doch sie brauchen dazu Vertrauen in ihr eigenes Wachstumspotenzial.

Meditation ermöglicht es uns, präsenter zu sein – nicht in einem abstrakten Sinne, sondern ganz konkret und direkt. Wir erleben die tatsächliche Wirklichkeit, spüren, was es bedeutet, lebendig zu sein, zu atmen, zu stehen, zu fühlen, zu empfinden. Das Leben fühlt sich dann anders an. Es scheint zu fließen und hat seine Tiefe und seinen Reichtum.

Meditation und die Genesung von Abhängigkeit und Sucht

Meditation kann helfen, von Abhängigkeit und Sucht zu genesen, doch weil der Umgang damit sehr schwierig ist und sie in der Tat eine lebensbedrohliche Krankheit ist, reicht die Kraft der Meditation im Allgemeinen nicht aus, um sie zu überwinden. Meditation kann bei diesem Prozess als eine sinnvolle Hilfe, aber nicht als das alleinige Werkzeug angesehen werden.

Dies fand die Autorin China Galland bei ihrem Kampf gegen ihre eigene Alkoholabhängigkeit heraus. Sie begann zu meditieren, weil ihr das im Umgang mit dem Trinken helfen sollte. Durch die Zen-Meditation konnte sie ihr Trinken kontrollieren. Doch sie entdeckte später, dass Meditation zu einer weiteren Bewältigungsstrategie geworden war – wie Laufen und Ausflüge in die Wildnis –, die sie weiterhin in dem Glauben bestätigte, dass mit ihr alles in Ordnung sei. Sie verordnete sich weiterhin, nur zu sitzen. Doch erschien ihr das, als ersticke sie ihr Leben. Weil sie vor sich selbst nicht zugeben konnte, Alkoholikerin zu sein, konnte sie es auch anderen gegenüber nicht zugeben und erzählte es niemandem in ihrer Zen-Gruppe.

Erst als ihre vierzehnjährige Tochter sie damit konfrontierte, nachdem sie sich eines Abends besinnungslos betrunken hatte, akzeptierte sie schließlich, dass sie ein Alkoholproblem hatte. Sie erkannte, dass sie selbst nicht mit dem Trinken aufhören konnte und es auch nicht durch Gebete und Meditation schaffte. Das war nicht aktiv genug. Sie brauchte ein Programm, Schritte, denen sie folgen konnte, eine unterstützende

Gruppe. Ein Schlüsselelement für die Überwindung der Sucht war ihr Beitritt zu einer Gruppe der Anonymen Alkoholiker. Es war sehr wichtig für sie, mit anderen über ihre Krankheit sprechen zu können und mit Leuten zusammen zu sein, die nüchtern waren. Am Ende betrachtete sie Gebet und Meditation (den elften Schritt[1]) als eine essenzielle Verbindung zwischen Buddhismus und der Gemeinschaft der Genesenden. Für sie ist »die Sangha (Gemeinschaft) der Nüchternheit ... das Entstehen des Buddhadharma (der Lehren des Buddha) aus sich selbst heraus, eine Weisheit für unsere Zeit«.

In der buddhistischen Tradition nehmen wir Zuflucht zu den drei Juwelen Buddha, Dharma und Sangha. Der Buddha repräsentiert gleichzeitig den Lehrer und das Potenzial des Erwachens in jeder und jedem von uns. Das Dharma ist die Lehre des Buddha, und gleichermaßen bezeichnet es die Dinge so, wie sie sind. Die Sangha ist die Gemeinschaft derer, die einander unterstützen und die zum Wohle aller das Erwachen anstreben. All diese drei Elemente sind für den buddhistischen Pfad essenziell. Wir müssen zu allen dreien Zuflucht nehmen, damit sich ein förderliches Umfeld entwickeln und unsere Praxis Früchte zeigen kann: das Erwachen und die Manifestation unserer Weisheit und unseres Mitgefühls in größtmöglichem Ausmaß.

Vielen Menschen hat der Beitritt zu Gruppen wie den Anonymen Alkoholikern oder den Anonymen Narkotikern sehr geholfen. Noah Levine, Meditationslehrer und Autor von *Dhar-*

---

1 zu den Zwölf Schritten der Anonymen Alkoholiker siehe www.anonyme alkoholiker.de (Anm. d. Übers.)

ma-Punk, zeigt in seinem Buch sehr klar, wie sehr er die Meditation, aber auch das Zwölf-Schritte-Programm brauchte, um seine Alkohol- und Drogensucht zu überwinden, die ihn aggressiv und zum Dieb gemacht hatte. Obwohl sein Vater Meditationslehrer war, zog es Levine aufgrund der Scheidung der Eltern und anderer damit verbundener schmerzhafter Bedingungen zu Drogen und Alkohol und einem gewalttätigen Leben auf der Straße. Erst als er mit siebzehn nach einem missglückten Selbstmordversuch in einer Jugendhaftanstalt ganz unten angekommen war, konnte er seinem Leben eine Wendung geben. Voller Verzweiflung folgte er dem Vorschlag seines Vaters, er solle versuchen zu meditieren und dabei seinem Atem folgen. Zur selben Zeit empfahl ihm ein junger Mann ein Buch über die Genesung von Alkohol- und Drogenabhängigkeit. Die Meditation verhalf Levine zu Momenten der Ruhe und des Friedens inmitten seines Unglücks; und das Buch zeigte ihm, dass es andere Menschen gab, die litten wie er, und dass es eine andere Weise gab zu leben. Aus der Jugendhaftanstalt entlassen, fand er zu einem ganz neuen Leben, er meditierte weiterhin, was ihn befähigte, achtsamer und ruhiger zu werden. Regelmäßig besuchte er auch eine Gruppe der Anonymen Alkoholiker.

Für zwei Jahre hatte er einen erwachsenen Unterstützer, was ihm sehr half. Er übernahm aktiv Verantwortung und konnte seine Fehler zugeben. Es sind bedeutende Schritte: Erstens die eigenen Vergehen akzeptieren; zweitens erkennen, dass man für die eigenen Handlungen verantwortlich ist, und drittens aktiv Stärke und Kraft entwickeln, indem man sich den eigenen schädigenden Handlungen stellt.

Meditation kann bei der Überwindung von Abhängigkeit und

Sucht ein Mittel des Wandels sein, aber sie muss in ein größeres, unterstützendes Umfeld eingebettet sein.

Der mittlere Weg

Ein buddhistisches Modell, das bei der Überwindung von Abhängigkeit und Sucht unterstützen kann, besteht in den Zehn Vollkommenheiten. Es sind zehn Qualitäten, die helfen können, Stabilität und Stärke aufzubauen und zu entwickeln. Dadurch schreitet der Genesungsprozess weiter voran und man nähert sich dem »anderen Ufer« der Klarheit, des Verstehens, des Friedens, der Liebe und des kreativen Handelns. Diese Zehn Vollkommenheiten sind:

- Geben
- Ethisches Verhalten
- Geduld
- Bemühen, Tatkraft
- Meditation
- Weisheit
- Angemessenes Handeln
- Gelübde, Verpflichtung
- Festigkeit, Kraft
- Verstehen

Gebefreudigkeit zu kultivieren bedeutet, eine Haltung der Großzügigkeit uns selbst und anderen gegenüber zu entwickeln. Sind wir süchtig, dann sind wir uns selbst und anderen gegenüber streng und hart. David Gregson aber betont in seinem Buch *The Tao of Sobriety*, wie wichtig es ist, uns selbst als unschuldig zu sehen. Wir wachen nicht eines Tages auf und beschließen, süchtig zu werden. Es ist uns passiert. Wir sollten großherzig gegenüber dem Teil von uns sein, der uns zum Süchtigen gemacht hat. Wir haben ihn zu akzeptieren und anzuerkennen. Wir müssen aber auch erkennen, dass die Sucht unsere Großzügigkeit anderen gegenüber verhindert. Handeln wir großzügig, finden wir Zeit und Raum, anderen etwas zu geben, dann hilft uns das, von einer ichbezogenen Sucht zu einem gesünderen Austausch und zu heilsameren Beziehungen zu anderen zu gelangen.

Ethisches Verhalten beinhaltet die Verpflichtung zu einer mitfühlenden, liebevollen Haltung. Es resultiert aus der Erkenntnis, dass Gedanken, Worte und Handlungen Konsequenzen haben. Wenn wir anderen schaden, sie bestehlen oder belügen, dann verursacht das Leiden für andere, aber auch für uns selbst, denn wir stehen dann eventuell sogar in Konflikt mit dem Gesetz. Eine solche Haltung erzeugt Schuldgefühl, Angst und Unbehagen. Gewahrsein hilft uns, zu erkennen, dass in süchtiger Weise zu trinken, Drogen zu nehmen, zu spielen oder Sex zu haben unserem Wohlergehen und dem der anderen sehr schadet. Ethisches Verhalten beinhaltet die Verpflichtung, sich seiner Gedanken, Worte und Handlungen bewusst zu werden und sich dann dafür zu entscheiden, mitfühlend und liebevoll für uns und andere zu sein und in dem Sinne auch zu handeln.

Geduld bezeichnet die Fähigkeit, auszuhalten und zu warten, im Wissen, dass die Dinge organisch sind und Zeit brauchen.

Wir sind nicht innerhalb eines Tages süchtig geworden, und die Sucht wird auch nicht über Nacht aufhören. Denn Zwangsvorstellungen und körperliche Zwänge sind sehr machtvolle Kräfte. Sie werden wieder und wieder hochkommen. Die Genesung ist ein langsamer Wandlungs- und Wachstumsprozess, und wir müssen dafür die Geduld aufbringen, es Tag für Tag, manchmal nur jeweils für zehn Minuten oder zehn Sekunden wieder zu versuchen. Geduld vermittelt uns auch, dass wir nicht aufgrund jedes Gedankens oder Gefühls handeln müssen. Gewahrsein lässt uns Gefühle und Gedanken erkennen, und die Geduld lässt uns warten, dass sie vergehen. Zunächst werden sie sehr stark sein, doch wenn wir mit wohlwollendem, geduldigem Geist entschlossen standhalten, werden sie schneller abebben und verschwinden, als wir erwartet haben.

In *Scar Tissue* spricht der Sänger der »Red Hot Chili Peppers«, Anthony Kiedis, von seinem Leben als Süchtiger, bei dem er dreimal eine Entziehungskur machte und zweimal rückfällig wurde. Als er nach der letzten Entziehungskur wieder zu Hause war, überkamen ihn in der Nacht erneut zwanghafte Gedanken, wieder Drogen zu nehmen. Er packte daraufhin seinen Rucksack und verließ das Haus, hielt dann aber inne und erkannte, dass er keine Drogen mehr nehmen wollte. Er wusste ganz genau, wohin ihn das führen würde, und er wollte sein Leben nicht mehr auf diese Weise vergeuden. So ging er wieder ins Haus zurück, und die Gefühle vergingen. Er lernte, diese Zwangsgedanken auszuhalten, bis sie vergingen. Und er fand heraus, dass die Zwanghaftigkeit immer mehr an Kraft und Stärke verlor, wenn er nicht aus ihr heraus handelte.

Bemühen ist die Entschlossenheit, etwas zu tun. Es ist die Fähigkeit, dass wir einen Vorsatz fassen und ihm folgen können. Es ist machtvoller, als wir denken, damit es aber wirksam sein kann, muss es organisch, darf nicht abstrakt sein. Bemühen beinhaltet die Erkenntnis, dass wir Materie sind, Energie besitzen und zum Wohle von uns und anderen handeln können. Wir können unsere Energie sammeln, aktiv werden und etwas tun. Wenn wir über die menschliche Natur nachdenken, erkennen wir, dass wir Menschen große Fähigkeiten haben, die wir aber, damit sie Ausdruck finden können, in Handlungen umsetzen müssen. Es reicht nicht, über sie nachzudenken, wir müssen handeln. Das mag am Anfang hart sein, weil wir damit gegen den Strom zu schwimmen scheinen. Doch je mehr wir uns darum beständig und nicht panisch bemühen, desto mehr Energie haben wir, und es wird zunehmend leichter und weniger entmutigend für uns.
Meditation habe ich in den vorangegangenen Kapiteln bereits beschrieben. Wir halten inne und richten unsere Aufmerksamkeit auf den Atem und beruhigen damit den gesamten Organismus. In ebensolcher Weise lauschen wir ruhig und gesammelt, um die Fähigkeit zu entwickeln, Geräusche wahrzunehmen und sie vorbeiziehen zu lassen, ohne auf sie zu reagieren. Das lässt uns das Kommen und Gehen der Erscheinungen sehen und innerlich begleiten. Wir können uns auch in einer Meditation des Gleichmuts üben, indem wir still die drei folgenden Sätze rezitieren:

Möge ich die Dinge so akzeptieren, wie sie sind.
Möge ich wissen, dass Handlungen Folgen haben.
Möge ich in Frieden und im Gleichgewicht sein.

Diese Meditation hilft uns, sich mit der Tatsache zu arrangieren, dass Dinge geschehen. Wir lassen sie geschehen, oder sie geschehen uns, und wir müssen die sich daraus ergebenden Situationen akzeptieren. Befinden wir uns in einer glücklichen Situation, hilft uns Meditation dabei, dies wahrzunehmen, und wir sind dankbar dafür, dass die Dinge im Moment gut für uns laufen. Ist die Situation dagegen schwierig, haben wir zum Beispiel Probleme mit Abhängigkeit und Sucht, akzeptieren wir das und erkennen an, dass es so ist. Diese Akzeptanz führt nicht zu Resignation und Verzweiflung, sondern befähigt uns, mit der vorhandenen Situation kreativ umzugehen. In dem Wissen, dass Handlungen Folgen haben und Ursachen Wirkungen, sehen wir, dass spezifische Bedingungen und Handlungen zu bestimmten Resultaten führen. Dann ist es an uns, diesem Wissen folgend ein angemessenes und geschicktes Handeln zu kultivieren, das anstelle von destruktiven positive und kreative Wirkungen nach sich zieht. Wir wünschen uns darüber hinaus Frieden und Gleichgewicht für uns. Wir wünschen uns, diese Gefühle zu würdigen, wenn wir sie empfinden, und zu erkennen, welches äußere und innere Umfeld hilfreich ist, sie zu erfahren.
Weisheit entwickeln wir, indem wir erfahren und aus eigener Anschauung wissen, dass die Dinge sich stetig wandeln, dass sie in ihrer Existenz vergänglich und bedingt sind.
Ist Ihnen bewusst und sind Sie achtsam dafür, dass Gedanken, Gefühle, Empfindungen und Geschehen sich verändern, dann sind Sie eher bereit, mit diesen Gefühlen zu fließen und die Gedanken vorbeiziehen zu lassen, anstatt sich durch sie zu blockieren und sie für unerträglich zu halten. Wenn Sie sich weder darauf verlassen noch erwarten, dass Situationen ge-

nau so sind, wie Sie sich das wünschen, sondern darauf vorbereitet sind, zu schauen, wie sie sich entfalten, dann werden Sie flexibler sein und kreativer auf sie reagieren können. Sie werden sich nicht mehr so schnell mit nur einem Element identifizieren oder sich darauf reduzieren, wenn Sie deutlich erkennen, dass Sie und die Welt um Sie herum aus unzähligen Elementen bestehen.

Fühlen Sie sich ängstlich oder unglücklich, dann wissen Sie, dass Sie warten können, bis diese Gefühle vergehen – Sie müssen sie nicht dadurch verfestigen, dass Sie zu Drogen oder Alkohol greifen. Entwickeln sich Situationen nicht so, wie Sie es gerne hätten, dann müssen Sie sich nicht machtlos oder aggressiv fühlen oder sich Drogen zuwenden, sondern schauen Sie, was Sie daraus lernen oder wie Sie die Situation anders verstehen können.

Angemessenes Handeln beinhaltet die Aktivierung und Manifestation unseres kreativen Potenzials. Es ist schwierig, den Impulsen bestimmter Gefühle und Gedanken zu widerstehen, wenn wir sie nicht durch heilsame Aktivitäten ersetzen können. Nur im Widerstand zu verharren ist extrem ermüdend und zehrend. Wir sollten unsere mentalen, emotionalen und physischen Energien sinnvoll und positiv nicht nur für uns, sondern auch für andere aktivieren und einsetzen. Abhängigkeit und Sucht führen oft zu Isolation. Angemessenes Handeln erfordert nicht nur, dass wir etwas Kreatives tun, um uns selbst zu beschäftigen, sondern auch, dass wir uns dabei auf andere beziehen.

Es ist ungemein wichtig, dass wir unser Herz öffnen und unterstützende, liebevolle und respektvolle Beziehungen aufbauen – sei es innerhalb unserer Familie, zu Freundinnen und

Freunden, Verwandten, Kindern, kranken Menschen, alten Menschen, bedürftigen Menschen. Es gibt auf der Welt so viele Menschen, denen wir begegnen können. Wir müssen klug dabei vorgehen und schauen, mit welcher Kategorie von Menschen es für uns am einfachsten ist, uns auf sie in positiver Weise zu beziehen.

Etwas zu *geloben* oder einen Vorsatz zu fassen bedeutet, etwas ernsthaft zu erstreben. Damit gründen wir unser Leben auf bestimmte Werte. Wir vertrauen auf unser eigenes Potenzial oder appellieren an eine äußere Kraft, an die wir glauben. Wir glauben an etwas, das uns größer erscheint als unser begrenztes Ich. Streben ist aber etwas anderes als Erwarten: zu geloben und nach etwas zu streben bedeutet, unserem Leben Energie und Offenheit zu schenken. Erwartung dagegen setzt ein definiertes Ziel und begrenzt und beschränkt unsere Möglichkeiten. Ein Gelübde dagegen bringt unsere Absicht zum Ausdruck und schafft eine Strömung, mit der wir fließen, die wir nähren können. Wir können unser Gelübde erneuern oder ausdehnen. Es ist hilfreich, wenn das Gelübde nicht zu außergewöhnlich ist, aber es sollte uns helfen zu wachsen.

Stärke und *Festigkeit* sind unabdingbar, wenn wir unser Gelübde erfüllen wollen. Jeder besitzt Festigkeit, die er einsetzen kann. Wir müssen unsere mentalen, emotionalen und physischen Muskeln spielen lassen. So können wir Stärke und Festigkeit entwickeln. Wir versuchen, uns in geschickter Weise anzutreiben. Sind wir stark, müssen wir auch daran denken, stabil und offen zu sein. Wenn wir von Sucht genesen, entdecken wir unsere Stärke und Festigkeit wieder und damit auch unsere Freiheit, in anderer Weise zu handeln.

Verstehen ist Wissen und Erfahren, dass wir in Frieden mit uns und anderen sein und ein Leben der Weisheit und des Mitgefühls führen können. Es ist sowohl ein Potenzial als auch Wirklichkeit: Jeder von uns kennt Augenblicke der Klarheit und der Selbstlosigkeit. Wir alle können Frieden, Weisheit und Mitgefühl erfahren. Zur selben Zeit wissen wir, dass diese Fähigkeiten verschwinden, wenn wir in destruktiven Suchtmustern gefangen sind. Je mehr wir Frieden, Weisheit und Mitgefühl erfahren, desto eher werden wir die Sucht überwinden. Sind wir in Frieden, so ruhen wir darin und spüren, wie sich das anfühlt, wenn der Frieden uns verlässt und wiederkehrt.

ÜBUNG
Die fünf Methoden der Transformation

Diese fünf Methoden sollen helfen, sich zu jenen Zeiten kreativ mit Gedanken, Gefühlen und Empfindungen zu befassen, in denen man dabei ist, eine Sucht zu überwinden, oder bevor das Suchtmuster sich völlig durchgesetzt hat.

Wenn ein intensiver negativer Gedanke, ein intensives negatives Gefühl, eine intensive negative Empfindung entsteht, dann versuchen Sie, diese durch eine positive zu ersetzen.
Sollten Sie in Ihrem Körper das Bedürfnis zu rauchen verspüren: Können Sie stattdessen einige Atemübungen machen?
Sollten Sie das Verlangen haben, im Internet zu spielen: Können Sie stattdessen nach draußen gehen und mit den Kindern spielen?
Sollten Sie an zwanghaftes Shoppen denken: Können Sie stattdessen Ihre ältere Nachbarin fragen, ob sie Hilfe braucht?

Wenn ein intensiver negativer Gedanke, ein intensives negatives Gefühl, eine intensive negative Empfindung wieder auftaucht, bedenken Sie deren negative Konsequenzen.
Sollten Sie das Bedürfnis nach einem Drink verspüren: Können Sie sich daran erinnern, welche Destruktion dem beim letzten Mal folgte?
Sollten Sie Drogen nehmen wollen: Können Sie den Schmerz sehen, den dies für Sie und Ihre Nächsten schaffen wird?

Wenn ein intensiver negativer Gedanke, ein intensives negatives Gefühl, eine intensive negative Empfindung anhält, so lenken Sie sich in kreativer Weise davon ab.
Gehen Sie raus, um zu laufen.
Rufen Sie jemanden an, der nüchtern ist.
Beschäftigen Sie Ihre Hände, sticken oder stricken Sie.

Wenn ein intensiver negativer Gedanke, ein intensives negatives Gefühl, eine intensive negative Empfindung Sie beherrscht, dann schauen Sie tief und fragend in diese Erfahrung hinein.
Sollten Sie rauchen wollen: Wie zeigt sich das?
Können Sie noch etwas anderes fühlen?
Sollten Sie ans Shoppen denken: Welche Geschichte erzählen Sie sich da? Können Sie noch andere Gedanken haben?
Sollten Sie unter physischen Zwängen leiden: Wie ist das? Wo empfinden Sie diese? Können Sie Ihren Körper in anderer Weise nutzen?

Wenn ein intensiver negativer Gedanke, ein intensives negatives Gefühl, eine intensive negative Empfindung wieder auftaucht, können Sie dann warten, bis sie vergehen? Können Sie

Zuflucht nehmen zu etwas, das größer ist als Sie selbst – wie Buddha, Dharma und Sangha? –, etwas, das Ihnen hilft, schwierige Zeiten zu überstehen.

8
Liebe

Sag mir, wem die Liebe gleicht?
Was ist rund oder eckig,
kurz oder lang oder von einer Gestalt,
die man stolz wäre zu tragen?
Ich weiß es nicht. Ich weiß nur,
so weit ihre Windungen reichen,
dass niemand, der ihre Umrisse kennt, sagen kann,
wo die Liebe beginnt oder endet.

ANONYMUS (KOREA, 16. JAHRHUNDERT)

Liebe ist ein wundervolles Gefühl. Wenn wir lieben, fühlen wir uns beschwingt und freudig. Ich liebe Schnee. Wenn er fällt (was in Südfrankreich selten ist), fühle ich mich voller Schwung und in Hochstimmung. Ich kann nicht ruhig bleiben, sondern muss nach draußen gehen. Ich bin glücklich, meine Katze zu sehen. Es wärmt mein Herz, sie lebendig zu sehen. Ist mein Ehemann unterwegs, empfinde ich einen leeren Raum, und mir fehlt etwas. Liebe wärmt uns, und es wird uns leichter ums Herz.
Doch oft ist es schwierig, Liebe für uns selbst zu empfinden. Stellen Sie sich vor, Sie könnten sich selbst ganz lieben, wie warm und lebendig Sie sich fühlen würden, da das Objekt

Ihrer Liebe immer bei Ihnen wäre. Aber so empfinden wir nicht. Wir haben die starke Gewohnheit, uns selbst nicht zu lieben. Warum verdienen wir unsere eigene Liebe nicht, wo wir uns selbst doch am nächsten stehen und in unserer Existenz von uns abhängig sind?

Zwei Gewohnheiten scheinen sich hier, mit einer konfliktreichen Wirkung, zu vereinen: Wir haben die Tendenz, ich-bezogen zu sein und uns gleichzeitig nicht zu lieben. Das bedeutet, wir richten unsere Aufmerksamkeit auf ein Wesen aus, was wir nicht zu lieben scheinen, und mit dieser ungeliebten Person fühlen wir uns unlösbar verbunden. Für die Ursachen dieser Situation gibt es sicher viele theoretische Erklärungen oder äußere Bedingungen. Mich interessieren aber nicht so sehr die Ursachen, sondern die Situation selbst, in der wir uns da befinden. Keine Theorie kann die Umstände eines Menschen vollständig erklären. Oft ist es auch zu spät, um noch etwas an den Ursachen tun zu können; wir können nicht so leicht unsere Gesellschaft, Religion oder Familie ändern. Wir können nichts ändern, was in der Vergangenheit geschah. Es ist passiert und vorbei. Das Einzige, was wir tun können, ist, unseren Blick auf die Vergangenheit zu ändern, sie nicht als Gefängnis zu sehen, sondern als Gefüge von Bedingungen, die zusammengekommen sind. Und wir können unsere destruktiven Gewohnheiten transformieren, die wir möglicherweise in der Gegenwart erfahren und nähren.

Wir scheinen uns hauptsächlich deswegen nicht zu lieben, weil wir voller Perfektionismus und negativer Urteile sind. Wenn wir uns selbst gegenüber ein idealistisches Gedankenmuster aufrechterhalten, dann können wir, sofern wir nicht vollkommen blind nur mit uns selbst beschäftigt sind, niemals unseren eigenen Maßstäben gerecht werden. Wir können niemals das Ideal und die Vollkommenheit erreichen, die perfekte Mutter, der perfekte Mensch, der perfekte Arbeiter, die perfekte Künstlerin sein. Wir glauben, dass wir perfekt sein müssten, um wertgeschätzt und geliebt zu werden und um uns selbst wertschätzen und lieben zu können. Wir mögen anstreben, eine gute Mutter, ein guter Mensch, ein guter Künstler zu sein, doch wenn wir ein festes Bild davon haben, wer wir sein sollten, oder mehr noch, was wir bisher alles erreicht haben sollten, dann werden wir immer den Kürzeren ziehen. Es ist hart, die eigene Person mit Abstraktem zu vergleichen, sei es mit einer Idee darüber, was sein sollte, oder durch einen Vergleich mit dem, was jemand anderes geschafft hat. Wir wissen gar nicht, wie sich die anderen fühlen, wir sehen nur ihren augenscheinlichen Erfolg.

Immerhin orientiert sich der Perfektionist nach oben oder drängt selbst nach oben und muss dann aus diesen luftigen Höhen vielleicht etwas herunterkommen. Jemand, dessen Ausgangspunkt aus negativem Denken und Fühlen besteht, ist bereits unten und wird weiter hinabsteigen. »Ich bin nicht gut genug. Ich werde nie zu etwas beitragen. Ich bin hoffnungslos. Niemand liebt mich. Ich hasse mich.« Das sind sehr belastende Gedanken- und Gefühlsmuster. Die Perfektionistin hat mehr Energie als der Negativist, doch am Ende finden sich beide am selben Ort – frustriert, unzufrieden und unliebenswürdig. Wir sollten dieses menschliche Wesen, das wir sind, in einer normalen Weise lieben, akzeptieren und wertschätzen. Wir müssen es nicht erhöhen oder herabsetzen. Wir müssen lediglich das, was existiert, wertschätzen, und mit dem vorhandenen Material tun, was wir tun können.

Meine Eltern waren sehr liebevoll, freundlich und unterstützend zueinander und zu uns Kindern, und ich bin froh, bei ihnen aufgewachsen zu sein. Und dennoch habe ich mich in meiner frühen Kindheit in meiner Haut nicht wohl gefühlt. Als Erstes wollte ich lieber ein Junge sein. Dann musste ich eine Brille tragen, was andere Kinder dazu brachte, mich mit diversen negativen Namen zu belegen. Dann begann mich meine Schwester »Kartoffel« zu nennen, da sie sehr viel dünner war als ich. Vielleicht wurde ich dadurch schüchtern und etwas unbeholfen (vielleicht bin ich so aber bereits geboren). Um dem Ganzen einen Namen zu geben, würde ich sagen, dass ich in meiner Jugend einen Minderwertigkeitskomplex hatte. Aber so ganz eindeutig war das für mich damals nicht: Es war nur dieses rudimentäre Gefühl von Unbehagen, Peinlichkeit und Angespanntheit, besonders wenn andere dabei waren. Manchmal fühlte ich mich als die Größte, dann wieder als die Mickrigste. Es gab keinen mittleren Bereich. Erst nachdem ich begonnen hatte, zu meditieren und geistige Sammlung, Erkunden und Gewahrsein zu entwickeln, löste sich diese innere Anspannung langsam auf, und ich wurde fähig, mich für das, was ich war, und auch für das, was ich sein könnte, zu akzeptieren, wertzuschätzen und zu lieben. Es war befreiend zu erkennen, dass ich nicht starr, festgelegt und unveränderlich war, dass meine Gedanken und Gefühle nicht starr, festgelegt und unveränderlich waren und dass ich kreativ mit mir selbst umgehen konnte. Ich steckte nicht in irgendeiner Haltung fest. Meditation half mir, das Greifen nach einem bestimmten Selbst loszulassen. In dem Raum, der dadurch entstand, konnte eine kreative und gesunde Liebe für mich selbst wachsen und erblühen.

Es ist sehr viel einfacher, mit sich zu leben, wenn man sich selbst liebt. Man lebt eher in Harmonie, fühlt sich zufriedener und leichter und kann auch die Tatsache eher annehmen, dass man das Leben nur zusammen mit anderen leben kann.

Wenn Sie die Dimension der Einsamkeit, die mit der menschlichen Natur einhergeht, annehmen und kreativ mit ihr umgehen können, dann hören Sie auf, sich einsam zu fühlen und aus dem schmerzenden Gefühl der Einsamkeit heraus zu handeln. Dies könnte ansonsten zu schwierigen und leidvollen Gewohnheiten in Ihren Beziehungen zu anderen führen.

Wenn wir uns selbst nicht lieben, schaffen wir in Bezug auf unsere Beziehungen zwei Probleme: Entweder können wir nicht verstehen, warum uns irgendjemand lieben sollte, da wir uns doch selbst nicht lieben können. Oder wir brauchen die Liebe anderer, um uns lebendig und akzeptiert zu fühlen. Die erste Reaktion führt zu Zurückweisung oder zu Misstrauen anderen gegenüber. Diese müssen dann eine Reihe von Tests hinter sich bringen, um wirklich zu beweisen, dass sie uns lieben. Die andere Reaktion beinhaltet, dass wir bedürftig und besitzergreifend sind, aus Angst, diese Liebe zu verlieren, die für den Bestand und die Aufrechterhaltung unserer Identität so entscheidend scheint.

Sich verlieben

Wenn wir uns in jemanden verlieben, haben wir das Gefühl, wir schwebten, und es heißt oft, dass wir dann auf Wolke 7 sind. Wir beschäftigen uns dann vollkommen mit diesem Menschen und unseren Gefühlen für ihn. Verliebtsein reißt uns aus einer mehrdimensionalen Wirklichkeit heraus und bringt uns in eine Wirklichkeit, in der zwei Menschen voneinander besessen sind. Das ist eine wechselseitige, geteilte Ich-Bezogenheit, die angenehm, aber möglicherweise nicht funktional ist. Als ich mich in meinen späteren Ehemann verliebte, war ich für drei Tage nicht zu gebrauchen, und meine Gefühle waren sehr aufgewühlt und voll freudiger Erregung. Doch dieser Zustand der Verliebtheit kann nicht andauern. Es ist das Neue und die plötzliche Entdeckung, verliebt zu sein, was die Aufregung schafft.

Sich zu verlieben ist eine Erfahrung, und wie alle Erfahrungen hat sie einen Anfang, eine Mitte und ein Ende. Sie ist kein dauerhafter Zustand. Wenn die Anziehung in ein tragfähiges Gefühl wechselseitiger Liebe verwandelt werden kann und sich Wertschätzung füreinander entwickelt, dann kann die Liebe wachsen. Doch wenn Sie nach der Verliebtheit greifen und wollen, dass dieses Gefühl in seiner Intensität und Exklusivität bleibt, dann werden Sie Enttäuschung erleben. Sie werden glauben, das Verschwinden der Intensität liege an dem anderen Menschen, der nicht so liebenswert oder so liebend war, wie erwartet. Sie werden sich schließlich entlieben und nach einem neuen Menschen Ausschau halten, in den Sie sich verlieben könnten. Auf diese Weise kann man nach Verliebtheit süchtig werden und sich in einem Muster verfangen, dem zufolge man unfähig wird, jemanden eine gewisse Zeit lang zu lieben.

Romantische Liebe

Romantische Liebe ist eine abstrakte Liebe, angefüllt mit Träumen und Idealisierungen, verstärkt von Filmen, Liedern, Theaterstücken und bestimmten kulturellen Tendenzen. Sie ist in der Wirklichkeit kaum anzutreffen, da Liebe in der Realität mehrdimensional ist. Es gibt viele Theorien darüber, warum wir uns in einen bestimmten Menschen verlieben. Es ist in der Tat geheimnisvoll. Doch jemanden zu lieben, einen Menschen für das wertzuschätzen, was er ist, und nicht für das, was wir wollen, das er sei, ist aufgrund unserer Ich-Bezogenheit und der Eindimensionalität unserer Wahrnehmung nicht einfach. Wir alle haben aufgrund innerer Ausrichtungen und Bedingungen, und ebenso aus Überlebensgründen, viele Gewohnheiten entwickelt, um das Leben auch dann ertragen zu können, wenn es leidvoll, schwierig und unbegreiflich ist. Wenn sich zwei Menschen ineinander verlieben und beschließen, Zeit miteinander zu verbringen, dann treffen damit auch zwei Ansammlungen von Gewohnheiten aufeinander, und einige mögen besser zueinander passen als andere.
In der westlichen Welt werden wir dazu erzogen, durch Rivalität und Wettbewerb, der auf einem Ansatz der Gegnerschaft beruht, nach herausragenden Leistungen zu streben. Oft ist

dies dann auch das Muster und der Boden, auf dem wir unsere Liebe errichten wollen. Fügen wir diesem Muster Vorstellungen von Gerechtigkeit und Fairness hinzu, wird die Liebe zu einer Wettbewerbsplattform, auf der wir alles vergleichen und beurteilen. Das ist dann keine offene, unterstützende Beziehung mehr. Wir kämpfen für das, was wir in Bezug auf die Liebe für »angemessen« erachten. Wie oft denken oder sagen wir: »Wenn er mich genügend lieben würde, dann würde er dies oder das für mich tun.« Wir sind schnell vom anderen enttäuscht, wenn er unseren abstrakten romantischen Idealen nicht gerecht wird. Liebe ist aber kein Kinofilm, zweidimensional und illusorisch. Sie ist vielschichtig und überraschend.

Liebe ist etwas, an dem wir arbeiten, das wir kultivieren müssen. Viele unserer Gewohnheiten und Muster werden dem Wachstum und der Entwicklung der Liebe entgegenwirken. Wir müssen sehr vorsichtig sein, denn die Liebe zwischen zwei Menschen ist sehr kostbar und sehr zerbrechlich. Die Intensität der Verliebtheit verführt uns, zu glauben, dass unsere Liebe stark sei, doch wenn sie nur darauf beruht, dass wir bestimmte Gefühle erleben, dann ist sie sehr fragil. Denn was passiert, wenn wir diese Gefühle nicht ständig fühlen?

Wir können uns leicht in unseren gewohnten Ideen, Träumen und Idealen verfangen und uns dann schnell davon überzeugen, sobald etwas schiefgeht oder schwierig wird, dass der Mensch, den wir noch vor kurzem so sehr liebten, so schrecklich ist, dass wir ihn nicht länger lieben können. Denken wir das oft genug, werden die Gefühle der Liebe nicht genährt, und sie werden verschwinden.

Auf der anderen Seite des Spektrums können wir uns aber

auch in den falschen Menschen verlieben: in jemanden, der manipulativ, verletzend, missbrauchend ist. Wenn wir in dieser Romanze und den damit einhergehenden Gefühlen gefangen sind, fällt es uns schwer zu akzeptieren, dass wir einen Fehler gemacht haben und den falschen Menschen lieben. Dann bleiben wir in der Beziehung und ertragen aus irrigen Gefühlen und Rechtfertigungen die Verletzungen.

Die Wirkung abstrakter romantischer Liebe kann positiv und negativ sein. In beiden Fällen wird die Anziehungskraft oder die Abstoßung des betreffenden Menschen übertrieben. Das hält uns davon ab, uns mit der vorhandenen Wirklichkeit auseinanderzusetzen – zu sehen, dass der Mensch eigentlich gar nicht so schlecht ist, was bedeutet, Probleme können angegangen und gelöst werden. Oder zu erkennen, dass der Mensch gar nicht so gut für uns ist, was bedeutet, dass wir um unserer Sicherheit, unserer Gesundheit und unseres Wohlergehens willen das Weite suchen sollten.

Die Kunst des Liebens

Zu lieben und geliebt zu werden ist eine Kunst und eine Praxis. Es erfordert, dass wir einander wertschätzen, uns akzeptieren, uns mögen und füreinander sorgen. Wir lieben kein Abstraktum, wir lieben ein komplexes menschliches Wesen mit seiner Geschichte, seinen Gewohnheiten, Neigungen, inneren und äußeren Bedingungen. Wir lernen einander kennen, wachsen zusammen und können doch gleichzeitig den anderen nie vollkommen kennen. Jeder Mensch wird seinen persönlichen Raum behalten, wo bestimmte Gedanken und Gefühle nur ihm bekannt sind.

Heutzutage werden Kommunikation, Enthüllungen und Offenbarungen als etwas ganz Entscheidendes betrachtet. Natürlich ist es wichtig, miteinander sprechen und einander zuhören zu können, doch zu viele Offenbarungen können auch falsch aufgefasst und missdeutet werden. Wir müssen weise und liebenswürdig sein in dem, was wir zueinander sagen – das sind die Empfehlungen des Buddha. Was sage ich, und wie sage ich es? Welche Absicht steckt hinter meinen Worten? Wollen wir klarstellen und erklären, wollen wir verletzen, wenn wir um jeden Preis die Wahrheit sagen? Was ist unsere Wahrheit? Sie ist so veränderlich und oft so selbstsüchtig. Was bedeutet Kommunikation, wenn wir einander lieben? Wenn wir alles für uns behalten, werden wir voller Groll sein; wenn wir alles sagen, was uns im Kopf rumspukt, kann das sehr verletzend sein. Was ist hier der mittlere Weg?

Der mittlere Weg in einer Beziehung beginnt mit der Wertschätzung und Akzeptanz des anderen Menschen so, wie er ist. Eines der größten Geschenke, die wir jemandem machen können, ist »ja« zu ihm zu sagen. In unserer Liebe zu einem anderen Menschen bestätigen wir auch dessen Existenz, und wir bestätigen die Tatsache, dass seine Präsenz in unserem Leben unsere eigene Existenz bereichert. Wenn wir jemanden bedingungslos akzeptieren, dann kann wahre Liebe erblühen.

Wenn Sie jemanden nicht bedingungslos akzeptieren können, dann müssen Sie sich vielleicht kreativ mit der Situation auseinandersetzen und über die Art der Liebe nachdenken, die

Ihnen zu Ihrem Partner möglich ist. Ist Ihr Partner zum Beispiel missbrauchend, manipulativ und verletzend und nicht willens oder in der Lage, sich zu ändern, dann sollten Sie ihn vielleicht eher aus der Ferne lieben. Kürzlich sah ich im Fernsehen eine Sendung über geschlagene Frauen, und es machte mich traurig, wie lang diese Frauen bei ihren Misshandlern blieben, bis sie sie schließlich verließen. Wenn jemand Sie verletzt oder erniedrigt, dann ist das kein Beweis oder eine Demonstration seiner Liebe oder Ihres eigenen Fehlers. Es gibt keine Entschuldigung für Aggression und Gewalt in einer Beziehung. Es mag zwar schmerzvoll sein, allein zu leben, doch ist es niemals so schmerzvoll, wie unter der ständigen Bedrohung von Missbrauch und Gewalt zu leben. Letztendlich brauchen wir niemand anderen, um zu existieren. Jeder Mensch kann aus eigenem Recht, durch seine eigenen Mittel und mit seinem eigenen Entwicklungspotenzial existieren.

Der mittlere Weg

In der Liebe bedeutet der mittlere Weg, einander zu akzeptieren – die Qualitäten des anderen und die Schwächen des anderen. Aus dieser tiefen, bedingungslosen Akzeptanz heraus können wir daran arbeiten, leidvolle Beziehungsgewohnheiten zu verstehen und zu transformieren. Wenn wir zu unserem Partner sagen: »Hör auf, so oder so zu sein, sonst werde ich aufhören, dich zu lieben«, dann bieten wir dem anderen keine großen Wahlmöglichkeiten an. Sagen wir dagegen, dass bestimmte seiner Gewohnheiten uns Schmerz bereiten, dann können wir darüber sprechen, warum und wie, und wir können zusammen schauen, ob es für uns andere Möglichkeiten gibt. Was ist das Geringste, das wir zusammen unternehmen können, was etwas verändern würde?

Ich komme aus einer großen, sich nahestehenden, herzlichen französischen Familie, während die Familie meines Mannes klein, britisch und eher distanziert ist. Zu Beginn unserer Ehe fand ich es sehr schmerzlich, dass mein Mann ziemlich distanziert und reserviert war, als wir in einer buddhistischen Gemeinschaft ein Einzelzimmer teilten. Zunächst musste ich in Erfahrung bringen, was los war, worin das Problem bestand. Dann musste ich einen Weg finden, ihn das konkret erfahren zu lassen, was ich ihm zu vermitteln versuchte.

Ich entschied mich, damit zu spielen. Ich war oft sehr zärtlich und zugewandt zu ihm, und manchmal war ich reserviert und mehr wie er. Nach einer Weile begann er, meine Zuneigung zu genießen und auch selbst zugewandter zu werden.

Wenn wir etwas noch nie im Leben erfahren haben, müssen wir für uns selbst kennenlernen und erleben, dass es etwas Gutes ist. Worte und Diskussionen haben nicht dieselbe Wirkung wie Erfahrungen.

Wenn ein Paar mit Schwierigkeiten zu kämpfen hat, muss es die Ursachen der Probleme besprechen und erkunden. Ich, beispielsweise, ziehe es vor, pünktlich zu essen. Mein Magen verdaut besser, wenn das Essen heiß ist, und ich finde es ungemütlich, lange am Tisch zu sitzen. Mein Mann isst gern sehr langsam, und es macht ihm nichts aus, wenn dabei das Essen kalt wird. Da wir dreimal am Tag zusammen essen, mussten wir lernen, uns an die jeweiligen Unterschiede anzupassen und einen mittleren Weg zu finden, damit die Essenszeiten nicht zu einem dauerhaften Streitpunkt wurden. Zunächst einmal mussten wir erkennen, dass wir überhaupt diese Gewohnheiten besaßen. Das heißt, wir verhielten uns nicht deshalb so, um den anderen zu ärgern. Es war auch keine Frage von »wenn du mich nur genug lieben würdest, dann würdest du dich ändern und an meine Gewohnheit anpassen«. Gewohnheiten sind nicht richtig oder falsch, solange sie von relativ neutraler Art sind und keinen großen Schaden anrichten. Wir entwickeln sie oft, um uns an bestimmte Gegebenheiten in unserem Umfeld anzupassen. Wenn zwei Ansammlungen von Gewohnheiten aufeinandertreffen, wie das in jeder Beziehung der Fall ist, kommt es entweder zu Konflikten und Kämpfen mit einem Gewinner und einem Verlierer oder zu Anpassung und Abstimmung mit einer Liebe, die dadurch gewinnt und wächst. Darum ist die Kultivierung eines mittleren Weges so wichtig für ein Paar. Wir können uns für jemand anderen nicht vollkommen ändern, aber wir können uns abstimmen, anpassen, verstehen und mit den Unterschieden in einer klugen, liebevollen Art spielen.

Vor ein paar Jahren entdeckte ich, dass mein Mann und ich in Stresssituationen unterschiedliche Überlebensstrategien hatten. Auf Reisen zum Beispiel ging er, wenn Schwierigkeiten auftraten, langsamer, während ich schneller ging. Bis ich realisierte, dass dies einfach verschiedene Arten der Bewältigung waren, hatte ich angenommen, er tue dies absichtlich und wolle mich hemmen, während ich uns vorantreiben wollte. Jetzt, wo ich das weiß, bin ich viel entspannter; ich dränge noch immer, aber weniger hektisch, er verlangsamt noch immer, aber nicht mehr bis zu einem Schneckentempo, und so gibt es weniger Spannungen und Anschuldigungen. Eine kluge, akzeptierende Liebe kann uns helfen, achtsamer füreinander zu sein und uns nicht bewertend zu begegnen. Wir wetteifern weder miteinander, noch unterziehen wir uns einer wechselseitigen Psychoanalyse. Tauchen Schwierigkeiten auf, richten wir unsere Aufmerksamkeit auf den Moment und untersuchen ihn wie in der Meditation: Was tun wir jetzt? Wie drücken sich unsere Bewältigungsmechanismen aus?

Sich lieben oder Sex haben

Dies ist ein schwieriges Thema für Buddhisten und Meditierende. Als der Buddha vor mehr als 2500 Jahren lehrte, sprach er meist zu zölibatären Mönchen und Nonnen. Wieder und wieder betonte er, dass ein zölibatäres Leben förderlich für das Erwachen sei und Begehren auflöse – und kaum, wenn überhaupt jemals, sprach er positiv über sexuelle Beziehungen. Im *Sigalovada Sutra* jedoch, das als Disziplinkodex für Laienanhänger bekannt ist, stellt der Buddha fünf Wege vor, wie Ehemann und Ehefrau wechselseitig füreinander sorgen sollten, und fünf Wege, wie ein Kind und seine Eltern einander unterstützen sollten. Der Buddha sagte also nicht, dass jeder zölibatär leben sollte, sondern nur die sollten es tun, die ein monastisches Leben wählen.

Wenn wir als Buddhisten oder Meditierende Sexualität blind ablehnen, werden sich unsere sexuellen Begierden von der

Liebe ablösen, und dies wird uns in Schwierigkeiten bringen. Das kommt mir immer dann in den Sinn, wenn ich wieder einmal von einem sexuellen Skandal um einen spirituellen Lehrer höre. Wenn wir die Kraft sexuellen Verlangens nicht wertschätzen und nicht sehen, wie sie durch negative Gewohnheiten entstellt wird, und wenn wir unser Verlangen nicht mit Liebe und Engagement verbinden, dann wird das oft zu Kummer und Leid für uns und für andere führen.

Für einen monastisch lebenden Menschen ist das Zölibat förderlich, und die Disziplin und sein verpflichtendes Engagement für das monastische Leben unterstützen ihn dabei, es einzuhalten. Und doch ist es nicht einfach, und von Zeit zu Zeit ist ein zölibatär lebender Mensch sicher versucht, dem sexuellen Verlangen nachzugeben, entweder weil er liebevollen Kontakt braucht oder weil er dem eigenen Verlangen nicht widerstehen kann. Eine Freundin erzählte mir, dass ein thailändischer buddhistischer Mönch sie als junge Nonne davon überzeugen wollte, mit ihm Sex zu haben, weil dies ihre Verdienste vermehren und ihr eine bessere Wiedergeburt verschaffen würde. Sie lehnte das Angebot ab.

Als zölibatär lebender Mönch oder Nonne muss man das Zölibat einhalten, wenn man das nicht kann, sollte man in das Laienleben zurückkehren. Einer der großen Zen-Patriarchen, Hui Neng, sagte: »Die, die sich selbst spirituell schulen wollen, können das zu Hause tun. Es ist ganz unnötig für sie, in Klöstern zu bleiben.«

Man kann als praktizierender Laie in einer liebevollen Beziehung leben. In diesem Kontext ist es ganz natürlich, den Partner auch körperlich zu lieben. Es ist Teil unseres energetischen Potenzials. Wir sind, biologisch gesehen, dafür gemacht. Uns körperlich zu lieben entfernt uns nicht vom spirituellen Weg, wenn wir es mit Umsicht und Gewahrsein tun.

Doch sind mit unseren Vorstellungen von Liebe und Sexualität auch viele schmerzvolle Gewohnheiten verbunden. Aus diesem Grund ist es so wichtig, unserem Sexualleben Aufmerksamkeit zu schenken und zu sehen, ob es da destruktive Muster von Macht, Begierde oder Frustration gibt, die für uns und andere zu Leid führen. Es ist schwierig, Gefühle von sexueller Begierde unvoreingenommen und objektiv zu betrachten. Sie scheinen so stark und zwingend und schier danach zu rufen, befriedigt zu werden. Wir müssen ihnen aber nicht jederzeit Folge leisten. Sexuelle Gefühle können kommen und wieder abebben wie jedes andere Gefühl, wie jede andere Empfindung auch.

Sie sollten erkennen, wie Sie nach diesen Gefühlen greifen, sich mit ihnen identifizieren, sie dann übertreiben und sie ausufern lassen. Sie können versuchen, sich ihrer bewusst zu werden und zu beobachten, was geschieht, wenn Sie nichts mit ihnen tun. Vielleicht sollten Sie auch schauen, wie Sie solche Gefühle in einer nicht immer sinnvollen Weise erzeugen und intensivieren, zum Beispiel durch bestimmte Filme, die Sie sich ansehen, oder Zeitschriften, die Sie lesen. Sexuelle Gefühle tragen zu einer tiefen Liebesbeziehung bei und vervollständigen sie. Sie können aber auch zu destruktiven Gefühlen und Empfindungen werden, die uns veranlassen, andere zu verletzten und deren Gefühle zu missachten.

Nichtanhaftende Liebe?

In spirituellen Kreisen gibt es manchmal die Vorstellung, um wirklich spirituell zu sein, dürfe man nicht lieben oder nur in nichtanhaftender Weise. So gibt es etliche Beziehungen, bei denen die Partner so »spirituell« sind, dass sie nicht nur nicht anhaften, sondern auch nicht engagiert sind und sich nicht umeinander kümmern, während sie ihre Nicht-Anhaftung und ihren spirituellen Raum für sich beanspruchen. Diese Menschen scheinen noch immer Kontakt und Sex zu brauchen, aber nur zu ihren Bedingungen. Manchmal brauchen sie sogar mehrere Partner zur selben Zeit.

Einmal traf ich einen solchen Menschen. Ich war total verwirrt, denn er wirkte spirituell sehr überzeugend, sagte die richtigen Dinge zur richtigen Zeit und in der richtigen Weise, und so konnte man glauben, dass er wirklich auf dem spirituellen Pfad sei. Dann hörte ich, dass er in kurzer Zeit reihenweise Beziehungen und Sex mit verschiedenen Leuten aus der Organisation, in der er arbeitete, hatte, ohne dass er einem von ihnen von den jeweiligen Rivalen in seinem Gefühls- und Sexleben erzählte. Als es herauskam, schuf das natürlich viel Leid und Schmerz für die Betroffenen.

Wenn Sie jemanden lieben, ist es nur natürlich, eine gewisse wechselseitige Abhängigkeit zu entwickeln. Eine Beziehung beinhaltet, dass sich zwei Ansammlungen von negativen Gewohnheiten treffen, aber auch, dass sich zwei Ansammlungen positiver Gewohnheiten begegnen. Jeder Mensch kann den anderen etwas lehren. Eine neue Welt eröffnet sich, und die eigene Welt wird durch diese andere Welt bereichert. Ist wirkliche Liebe da, werden die beiden sich tief beeinflussen. Dank meinem Mann denke ich jetzt logischer, und dank mir ist er heute ein besserer Koch.

Es ist nicht die »nichtanhaftende«, sondern die »nichtgreifende« Liebe, die wir alle, ob spirituell oder nicht, kultivieren sollten. In der Liebe entstehen Probleme, wenn wir nach dem Menschen greifen oder nach dem Gefühl, das dieser Mensch in uns schafft. Greifen wir nach ihm, wollen wir für immer mit ihm zusammen sein. Das ist für beide ungesund. Einer der Partner wird sich beengt und eingesperrt fühlen, während der andere, der festhält, unfähig zu freundschaftlichen Beziehungen zu anderen Menschen wird. Beide Partner sitzen fest und können weder innerhalb noch außerhalb der Beziehung wachsen. Wie bei jedem Greifen werden wir auch hier durch das beschränkt, nach dem wir greifen. Liebe zwischen zwei Menschen ist kein Verschmelzen, sondern eine Begegnung und ein gemeinsames Gehen auf demselben Pfad.

Sich aufeinander beziehen

Alle Menschen in unterschiedlicher Weise zu lieben ist sehr wichtig, befähigt es uns doch, aus unserer Ich-Bezogenheit herauszukommen und uns auszudehnen. Es öffnet unser ganzes Sein für eine Welt der Beziehung, Kommunikation, des Austauschs, der Zuneigung und Wärme. Liebe lässt die Barrieren hinwegschmelzen, die wir in unserem Inneren errichtet haben, aber auch das Gefühl der Einsamkeit, das wir manchmal empfinden. Indem wir die Welt mit anderen teilen, haben wir die Möglichkeit, zu lieben und Wärme in unser Leben und in das von anderen zu bringen.

Das wurde mir ganz deutlich, als meine Großmutter im hohen Alter so schwach wurde und abbaute, dass sie nicht mehr die gewohnte Reaktion von Wärme und Freude zeigte, wenn man sie anlächelte. Sie konnte uns auf dieser menschlichen Ebene nicht mehr begegnen. Doch es blieben zwei Dinge, die ihr Freude bereiteten: Blumen und Tiere. Sie war immer glücklich, wenn sie uns aus ihrem Garten blühende Blumen bringen konnte. Und immer wenn meine Nichte ihr kleines, flauschiges Kaninchen mitbrachte, war sie in dessen Nähe. Es machte sie glücklich, liebevoll mit diesem Tier umzugehen. Es schien, als sei dies die letzte Verbindung, die sie zu einem anderen Wesen aufbauen konnte, und als helfe diese ihr aus der Isolation heraus, in die Alter und Krankheit sie gestürzt hatten.

Die Möglichkeit, mit anderen in Beziehung zu treten, sich mit ihnen zu verbinden – seien es Freundinnen und Freunde, die Familie, Kinder, Tiere –, ist ein Geschenk, das zu pflegen wichtig ist. Was bedeutet es, eine kluge, fürsorgliche Freundin zu sein, ein liebevolles Familienmitglied, ein liebender Elternteil und ein Tierliebhaber? Um Freundschaften und Beziehungen zu entwickeln, müssen wir für die anderen Sorge tragen, und zwar um deren Wohles und nicht nur um unseres Wohles willen. Um dazu fähig zu sein, müssen wir eine kreative, weise Liebe entwickeln, eine Liebe, die furchtlos, aber auch stabil ist.

Der Buddha beschreibt im *Sigalovada Sutra* einen warmherzigen Freund als jemanden, der ein Gefährte in Schwierigkeiten ist, der in Glück und Unglück derselbe bleibt, der gute Ratschläge gibt und wohlwollend ist. Freundschaften werden dem Buddha zufolge durch liebevolle Rede, Hilfsbereitschaft, Unvoreingenommenheit und Ernsthaftigkeit erhalten. Für den Buddha stellt die Entwicklung von Freundschaft ein essenzielles Mittel der Kultivierung auf dem Pfad dar. Wir brauchen die Hilfe und Liebe anderer, und auch sie brauchen unsere Hilfe und Liebe. Mit meditativem Gewahrsein können wir die inneren und äußeren Bedingungen erforschen, die uns helfen, gute Freundinnen und Freunde zu sein und liebevolle Beziehungen zu entwickeln. Bestimmte Gewohnheiten erschweren das. Sind wir zum Beispiel schnell ängstlich, wird es schwieriger für uns, anderen zu vertrauen und uns auf sie einzulassen.

Aus diesem Grund hat der Buddha die »Liebende-Güte-Meditation« als Mittel gegen die Angst entwickelt. Wenn wir liebende Güte entwickeln und die Welt mit wohlwollenden Augen sehen, dann können wir uns leichter mit der Welt verbinden. Kultivieren wir liebende Güte, dann wünschen wir uns und anderen in systematischer, fokussierter Weise Glück und Wohlergehen. Wir streben danach, die Bedeutung jedes Lebewesens zu würdigen und auch das Bedürfnis dieses Wesens nach Glück und Freude. In dieser Meditation sehen wir über unsere gewohnten Reaktionen auf uns und andere, die sich im Laufe der Zeit verfestigt und begrenzt haben, hinaus, und wir wenden uns dem Teil unserer selbst zu, der lebendig ist, der atmet und in diesem Augenblick glücklich sein kann. Eine weitere ungute Gewohnheit in Freundschaften ist Arroganz und Überheblichkeit. Wenn Sie meinen, die Freundschaft und Wertschätzung anderer komme Ihnen ganz natürlich und selbstverständlich zu, ohne jede Vorstellung von Wechselseitigkeit und Austausch, dann wird dies eine sehr einseitige, ungleichgewichtige Beziehung. Natürlich ist es einfacher, Freundschaft mit Menschen zu schließen, die Ihre Ideen, Ansichten, Wahrnehmungen und Ihre Kultur teilen und Ihnen nicht widersprechen. Aber es ist auch aufschlussreich und bereichernd, sich mit Leuten anzufreunden, die sich in vielfältiger Weise von Ihnen unterscheiden. Ich finde es sehr lohnend, wenn ich mich mit einem Menschen aus einer anderen Kultur anfreunden kann, der andere Ideen und Wahrnehmungen hat. Das weitet mein Universum und zeigt mir das komplexe Potenzial des menschlichen Wesens. Es ist so einfach, uns in unseren eigenen bevorzugten Bereichen zu verfangen und uns nur auf sie zu begrenzen.

Familienbande

Familien sind die Basis und der Boden allen menschlichen Lebens. Im Allgemeinen verbringen wir zwanzig prägende Jahre mit unserer Familie. Mit der Zeit entwickeln sich familiäre Muster, die zum Teil Kopien der Muster vorangegangener Generationen sind. Die Herausforderung, vor die Eltern gestellt sind, wenn sie ihre Kinder erziehen, liegt darin zu sehen: »Wiederhole ich die Erziehung und Lebensweise meiner Eltern, oder tue ich etwas anderes?« Meine Eltern heirateten sehr jung und waren sich der schwierigen Gewohnheiten in ihren jeweiligen Familien sehr bewusst. Sie entschieden sich von Anfang an, ihre Kinder anders aufzuziehen, mit mehr Stabilität und Zuneigung, aber auch mit Offenheit und Verständnis. Von klein auf bemerkte ich, dass unsere Freundinnen und Freunde gern zu uns nach Hause kamen, doch dass wir nur ganz selten zu ihnen gingen, da es dort strenger zuging und wir uns nicht so willkommen fühlten.

Die sozialen Bedingungen jeder neuen Generation des zwanzigsten und einundzwanzigsten Jahrhunderts wandeln sich ungemein schnell. Oft scheint es kaum möglich, ältere Sitten, Gebräuche und Gewohnheiten an neue Generationen weiterzugeben. Gleichzeitig hat die zweitausendfünfhundert Jahre alte Botschaft des Buddha noch nichts von ihrer Gültigkeit verloren, wenn sie von der wechselseitigen Verantwortung von Eltern und Kindern spricht, die einander unterstützen und sich mitfühlend begegnen sollten.

Wir wählen die Familie nicht, in die wir hineingeboren werden. Manchmal haben wir Glück und finden uns in einer stabilen und liebevollen Umgebung, und manchmal haben wir Pech und wachsen in einer unstabilen und kalten Umgebung auf. Doch selbst in einem guten Umfeld können wir destruktive Muster entwickeln und in einem schwierigen Umfeld konstruktive. Wenn ein Kind aufwächst, kommen viele Faktoren – innere und äußere – ins Spiel.

Für Eltern ist es entscheidend zu akzeptieren, dass Elternschaft eine mysteriöse Aufgabe ist, bei der sie im Allgemeinen ihr Bestes versuchen und manchmal scheitern. Auffällig ist allerdings, dass das lebendige Beispiel der Eltern mehr Einfluss als ihre Worte und Empfehlungen hat. Meine Eltern waren gegen Religion (was mich nicht davon abhielt, ein religiöser Mensch zu werden), doch in ihren Handlungen und ihrer

Art waren sie offen, flexibel und liebevoll, was meine humanistische Sicht auf die Welt tief beeinflusste. Eltern werden ihre Kinder in positiver und negativer Weise beeinflussen, aber auch das Kind ist ein eigenständiger Mensch mit seinen emotionalen, mentalen und physischen Neigungen und Eigenschaften.

Meditatives Gewahrsein kann uns helfen, uns unserer Annahmen und Erwartungen im Hinblick auf uns selbst und andere Mitglieder der Familie bewusster zu werden. Damit in einer Familie Harmonie herrschen kann, muss Liebe, müssen aber auch Kooperation und Verständnis da sein. Es ist hilfreich, wenn erwachsene Familienmitglieder den jeweils anderen wirklich in der Gegenwart begegnen und über die gewohnte Sicht, die sich über die Jahre hinweg gebildet hat, hinausgehen und immer wieder neu schauen. Wir sind bestrebt, die andere Person als menschliches Wesen mit ihren Ängsten, Leiden und Freuden zu erreichen. Als ich meiner Mutter so begegnen konnte, dank dem kreativen Gewahrsein, das ich in der Meditation entwickelt hatte, wurde unsere Beziehung sehr viel einfacher, denn ich war nun imstande, die schwierigen Gewohnheiten zu umgehen, die sich so eingespielt hatten. Wenn ich mit Familienmitgliedern zusammen bin, sehe ich es als meine Aufgabe an, ihnen so zu begegnen, wie sie im Moment sind, jenseits aller festgefügten, gewohnten Etikettierungen.

Erwachsene Söhne oder Töchter haben oft das Gefühl, ihre Eltern würden ihnen nicht richtig zuhören, sie nicht verstehen oder nicht verstehen wollen. Es ist wichtig zu erkennen, dass verschiedene Generationen sich in verschiedener Weise auf andere beziehen. Manche Menschen sind eher psychologisch orientiert, und es fällt ihnen leicht, auf dieser Ebene mit anderen zu kommunizieren, andere leben und kommunizieren in anderer Weise. Wir müssen den Menschen dort begegnen, wo sie sind, nicht dort, wo wir sie gern hätten. Es ist für Eltern schwierig, anders zu sein, als sie sind. Für jüngere Erwachsene dagegen ist es einfacher, sich an sie anzupassen.

Es ist traurig, wenn individuelle und familiäre Muster so festgefahren sind, dass es keine Möglichkeit der Veränderung zu geben scheint. Von daher sollten wir versuchen, Gewohnheiten zu verändern oder abzuschwächen, bevor sie sich zu sehr festsetzen, sonst müssen wir lernen, uns kreativ an eine unveränderbare Situation anzupassen.

Als ich kürzlich von einem Spaziergang zurückkehrte, traf ich meine Nachbarin, Frau Dupont, die sich auf dem Bürgersteig ängstlich umblickte. Als ich sie fragte, was los sei, erzählte sie mir, dass ihr Auto nicht anspringe und sie einkaufen gehen müsse. Sie hielt nach jemandem Ausschau, der in den Supermarkt fuhr. Doch keiner der Vorbeifahrenden verstand ihre Handbewegungen. Ich fragte sie nach ihren Kindern, und sie sagte, dass ihr Sohn zu weit entfernt lebe. So brachte ich sie zum Supermarkt, da ich die Einzige zu sein schien, die ihre Notlage erkannt hatte und sie ändern konnte. Später erfuhr ich, dass Frau Dupont einen Sohn hatte, der im selben Ort wohnte, aber dass sie seit fünf Jahren nicht mehr mit ihm sprach. Frau Dupont hatte auch eine gute Nachbarin, die ihr gewöhnlich half, aber Frau Dupont hatte vor kurzem aufgehört, mit ihr zu reden, da ein Tischler, der das Dach ihrer Freundin reparierte, ihre Garage blockiert hatte und sie nicht mit dem Auto hatte hinausfahren können. Aufgrund ihrer großen Empfindsamkeit für jede nur mögliche Kränkung war die Welt von Frau Dupont immer einsamer geworden. Wie können wir als Familienmitglieder oder Freundinnen und Freunde ein solches selbstauferlegtes Exil freundlich, mit Verständnis und in kleinen Schritten aufbrechen? Es ist schwierig für uns, wieder Kontakt zu einem Menschen aufzunehmen, wenn wir uns zuvor vor ihm verschlossen und von ihm entfernt haben. Wir hören auf, uns auf den Menschen in der Gegenwart zu beziehen. Stattdessen beziehen wir uns auf das Bild des Menschen, das wir uns in der Vergangenheit von ihm gemacht haben. Es ist nicht immer leicht, angesichts von Kälte, Zurückweisung und Kritik mit jemandem verbunden zu bleiben. Wir müssen Mut, Liebe und Stabilität kultivieren, um offen zu bleiben.

Olga fragte mich, wie sie Liebe und Gleichmut ihrer Schwiegermutter Ingrid gegenüber praktizieren könne, welche die Gewohnheit hatte, Menschen einander zu entfremden und Zwietracht zu säen. Ich dachte, dass sie bereits genau das tue, was erforderlich war, nämlich sich der Schwierigkeiten bewusst zu sein und kreativ mit ihnen umzugehen, während sie sich noch immer liebevoll um Ingrid kümmerte. Olga konnte das Leiden sehen, das Ingrid sich mit dieser Gewohnheit schuf. Ihre Schwiegermutter wollte geliebt werden und von ihrer Familie umgeben sein. Tatsächlich geschah das Gegenteil. Einer der Söhne war bereits in ein anderes Land gezogen. Das Einzige, was Olga tun konnte, war, den Kontakt zu halten und wenn dies bei ihren Kindern zu Schwierigkeiten führte, sie zu beschützen und ihnen Olgas Muster zu erklären. Es war wichtig, diese Muster nicht zu decken oder zu entschuldigen, denn für die Kinder war es ganz entscheidend, die Situation verstehen und lernen zu können, dass es verschiedene Arten von

Menschen gibt, die sich verschieden begegnen, und zu sehen, was konstruktiv und was destruktiv ist.

Dankbarkeit

Es gibt eine buddhistische Schrift genannt *Sutra über die tiefe Güte der Eltern und die Schwierigkeit, sie zu vergelten*. Dieser Text brachte meinen Lehrer, Meister Kusan, zum Weinen, wann immer er an die Traurigkeit und die Sorgen seiner Mutter dachte, als er das Haus verließ. Wenn er darüber sprach, war das so bewegend, dass ich vor meinem geistigen Auge ganz deutlich sah, wie er das Haus verließ und seine Mutter an der Türschwelle stand und weinte. In diesem Sutra sind zehn Arten der Güte, die eine Mutter ihrem Kind zuteil werden lässt, aufgeführt:

- Die Güte, Schutz und Fürsorge walten zu lassen, während das Kind in ihrem Leib ist.
- Die Güte, Schmerzen bei der Geburt zu ertragen.
- Die Güte, all diese Schmerzen zu vergessen, sobald das Kind geboren ist.
- Die Güte, das Bittere selbst zu essen und das Süße für das Kind aufzubewahren.
- Die Güte, das Kind an einen trockenen Ort zu bringen und selbst im Nassen zu liegen.
- Die Güte, das Kind an ihrer Brust zu stillen, es zu nähren und aufzuziehen.

- Die Güte, das Unsaubere zu reinigen.
- Die Güte, immer an das Kind zu denken, wenn sie in die Ferne reist.
- Die Güte tiefer Fürsorge und Hingabe.
- Die Güte höchsten Mitgefühls und tiefster Zuneigung.

Diese Aufzählung lässt uns erkennen, wie abhängig wir von unseren Eltern in Kindheit und Jugend sind und wie gütig sie in vielfältiger Weise zu uns waren. Doch wenn einer oder beide Elternteile psychisch krank oder gewalttätig ist, wird er/werden sie nicht in der Lage sein, alle der oben aufgeführten Ausdrucksformen der Güte zum Ausdruck zu bringen. Man kann dann dankbar sein für die, die ihm/ihnen möglich sind, aber die anderen Familienmitglieder und Freundinnen und Freunde müssen das Kind beschützen und ihm helfen, um den Mangel an Stabilität und Liebe zu kompensieren.
Wie kann man also eine ausreichend gute Mutter oder ein ausreichend guter Vater für ein Kind sein? Kinder zu erziehen ist nicht einfach, sie können reichlich schwierig sein oder egozentrisch und die Nerven der Eltern strapazieren. Eltern brauchen eine gute Dosis an geduldiger Ausdauer, um Kinder zu erziehen. Auch hier sollten wir einen mittleren Weg anstreben.
Wir sollten unsere Kinder lieben, ohne sie zu ersticken, und ihnen, während wir uns um ihr Wohlergehen kümmern, auch Disziplin vermitteln, ohne blinde Reglementierung. Wie alle Eltern bestätigen können, ist die Elternschaft die tiefste Praxis von Liebe und Gleichmut – und sie ist eine permanente Herausforderung, mit Unbeständigkeit und Wandel Frieden zu schließen.

ÜBUNG
Liebende-Güte-Meditation

Setzen Sie sich am Abend bequem hin und denken Sie an alle Wesen, mit denen Sie an diesem Tag in Kontakt gewesen sind: Partner, Familienmitglieder, Freunde, Mitarbeiter, Fremde und Haustiere.
Wie fühlt es sich für Sie an, jemand anderem zu begegnen, mit einer anderen Person in Kontakt zu sein?
Richten Sie dann Ihre Aufmerksamkeit auf sich selbst, auf Ihre Menschlichkeit, auf die Tatsache, dass Sie lebendig sind und atmen. Versuchen Sie, sich selbst Wohlergehen zu wünschen, indem Sie still für sich die folgenden drei Sätze einige Minuten lang sprechen:

Möge ich gesund sein.
Möge ich glücklich sein.
Möge ich in Frieden sein.

Vergegenwärtigen Sie sich dann die Menschen, die in Ihrer Nähe leben, schauen Sie über die Vorstellungen, die Sie von ihnen haben mögen, hinaus und wünschen Sie ihnen Wohlergehen, indem Sie innerlich sagen:

Möget ihr gesund sein.
Möget ihr glücklich sein.
Möget ihr in Frieden sein.

Öffnen Sie jetzt Ihr Herz für all das, was um Sie herum lebendig ist: Bäume, Gräser, Tiere, Menschen. Dadurch öffnen Sie sich für deren Leben und Potenzial und wünschen ihnen ebenfalls Wohlergehen:

Möget ihr gesund sein.
Möget ihr glücklich sein.
Möget ihr in Frieden sein.

Dehnen Sie dann Ihr Gewahrsein auf Menschen aus, die Sie mögen und die Ihnen in Ihrem Leben sehr geholfen und Sie unterstützt haben. Wünschen Sie ihnen Wohlergehen, indem Sie die drei Sätze zur Kultivierung liebender Güte wiederholen.
Richten Sie dann Ihre Aufmerksamkeit auf Menschen, denen gegenüber Sie neutral oder gleichgültig empfinden, Menschen, denen Sie in Ihrem täglichen Leben begegnen – ein Nachbar oder die Postbotin. Wenden Sie sich ihnen, ihrem Leben, ihren Hoffnungen, ihren Potenzialen zu, und wünschen Sie auch ihnen Wohlergehen.
Denken Sie dann an Menschen, mit denen Sie Probleme haben oder die Sie nicht besonders mögen. Nehmen Sie als Erstes die, mit denen Sie weniger Probleme haben. Ist Ihr Herz stabiler und offener, nehmen Sie Menschen, mit denen Sie größere Schwierigkeiten haben. Wünschen Sie auch ihnen Wohlergehen. Seien Sie aber vorsichtig, damit nicht auch die Probleme, die Sie mit ihnen haben, wieder aufkommen und sich ausbreiten:

Möget ihr gesund sein.
Möget ihr glücklich sein.
Möget ihr in Frieden sein.

Wünschen Sie ihnen Wohlergehen, schauen Sie über das, was Sie nicht mögen, hinaus und wenden Sie sich der Person zu, die wie Sie selbst leidet und glücklich sein will.
Öffnen Sie abschließend Ihr Herz für die ganze Welt:

Mögen alle Wesen gesund sein.
Mögen alle Wesen glücklich sein.
Mögen alle Wesen in Frieden sein.

Versuchen Sie, diese Meditation auch draußen durchzuführen, wenn Sie im Park spazieren gehen, auf einer Bank oder in einem Bus sitzen. Wünschen Sie jedem Menschen, den Sie sehen, dem Sie begegnen, Wohlergehen.

9
Mitgefühl

Der Ausweg aus der Grausamkeit, Freund, ist die Befreiung des Geistes durch Mitgefühl.

DER BUDDHA

Empathie

Als ein Vogel in einem Zoo gegen eine Glasscheibe flog und benommen in der Nähe eines Bonobo-Geheges zu Boden fiel, kümmerte sich ein weiblicher Bonobo um ihn. Zunächst warf sie ihn sanft hoch, dann setzte sie ihn auf die Spitze eines Baumes, damit er von dort losfliegen könnte, und schließlich behütete sie ihn, bis er sich so weit erholt hatte, dass er wieder fliegen konnte. Das ist Mitgefühl. Die Äffin zeigte Fürsorge und Umsicht angesichts des Leidens eines anderen, kleineren Tieres. In seinem Buch *Der Affe in uns* berichtet der Primatologe Frans de Waal von vielen weiteren Beispielen mitfühlender, fürsorglicher Haltungen bei den Affen, die er mehr als zwanzig Jahre erforscht hat. Frans de Waals These ist es, dass wir Menschen, ähnlich wie unsere nächsten Verwandten, die Affen, eine uns innewohnende Fähigkeit zum Mitgefühl haben. Studien haben gezeigt, dass Kinder mit knapp über einem Jahr schon besorgt sind, wenn Menschen Zeichen des Leids zeigen, und diese dann trösten wollen. Mitgefühl entsteht ganz natürlich, aber wir können es auch bewusst kultivieren, um unseren Geist von Härte und Grausamkeit zu befreien, wie der Buddha vorschlägt.

Damit Mitgefühl entstehen kann, scheinen drei Qualitäten unabdingbar zu sein. Als Erstes (und offenkundig) müssen wir die Existenz eines anderen Menschen anerkennen. Zweitens müssen wir sein Leiden nachempfinden können, und drittens brauchen wir Zeit und müssen verfügbar sein. Wenn wir unsere Existenz und das Potenzial für Leiden und für Glück, das mit ihr einhergeht, anerkennen, dann erkennen wir auch die Existenz anderer und ihr Potenzial für Leiden und für Glück an. Wir können nicht die Gedanken eines anderen denken. Wir können nicht die Gefühle eines anderen fühlen. Aber wir können sie uns vorstellen, und wir können sie nachempfinden. Wir können erkennen, wenn wir mit anderen sprechen, dass ihre Gedanken und Gefühle den unseren ähnlich sind. Daraus können wir ableiten, dass sie es genießen, wenn sie in Frieden leben oder wenn sie glücklich sind, und dass sie leiden, wenn sie Schmerz erfahren, so wie wir. In der Anerkennung und Würdigung des anderen Menschen liegt auch die Anerkennung und Würdigung unserer Gleichwertigkeit im Angesicht des Lebens.

Leidet jemand, so berührt uns dieses Leid, es sei denn, wir sind sehr kaltherzig. Denn wir wissen und haben selbst erfahren, dass Leiden schmerzt. Haben wir Schmerzen, kann niemand außer uns diese Schmerzen erleben. Und deshalb fühlen wir umso mehr Mitgefühl für einen Menschen, der Schmerzen

erleidet. Wir können den Schmerz nicht fühlen, aber wir können ihn anerkennen.
Mitgefühl findet aktiv statt, wenn wir Zeit dafür haben, für den Schmerz eines anderen offen zu sein. Zunächst einmal können wir nur da sein, präsent und gewahr. Durch unser Zuhören teilen wir mitfühlend einen Augenblick dieses Schmerzes mit der anderen Person. Dann stellen wir uns darauf ein, etwas gegen den Schmerz zu tun, zu versuchen, ihn zu lindern in jeder uns möglichen Weise.

Vier Arten des Mitgefühls

Der Buddha sprach davon, dass es drei Arten von Haltungen mit Mitgefühl und eine ohne gebe:

- Mitgefühl nur für sich selbst.
- Mitgefühl nur für andere.
- Mitgefühl gleichermaßen für sich selbst wie für andere.
- Kein Mitgefühl für sich und andere.

Es ist entscheidend, mitfühlend für uns selbst zu sein, denn auch wir sind menschliche Wesen mit einem Potenzial für Glück und Leiden. Wenn wir leiden, ist es wichtig, dass wir uns um uns selbst kümmern, auf unsere Bedürfnisse hören, eine Pause machen und uns ausruhen. Manchmal aber kann das achtsame Gewahrsein unseres Leidens zu einem Muster zwanghafter Ich-Bezogenheit werden, bei dem wir uns selbst zum Opfer machen. Sind wir zu sehr auf uns selbst konzentriert, werden wir nach dem Leiden greifen. Das Leiden wird dann zu einem vorherrschenden Faktor in unserem Leben, und wir sehen uns nicht mehr in einem größeren Zusammenhang. Wir glauben und fühlen, dass wir die Einzigen sind, die leiden, oder dass unsere Schmerzen unvergleichbar schlimmer sind als die jedes anderen.

Wir müssen sorgfältig nach einem mittleren Weg zwischen ausreichender Aufmerksamkeit für und obsessiver Beschäftigung mit uns suchen. Wir können uns auf das Leiden ausrichten, was unser Herz öffnen und unser Mitempfinden stärken kann. Doch wenn wir jedes Leiden zu unserem eigenen Leiden machen, dann macht uns das dem Leiden anderer gegenüber ignorant. Unser eigenes Leiden wird immer Vorrang haben.

Eine englische Freundin von mir reist sehr viel, und ihre Mutter macht sich ständig Sorgen. Wann immer ein Unglück geschah – zum Beispiel ein tragischer Zugunfall in Deutschland –, hatte die Mutter Angst, dass ihrer Tochter etwas zugestoßen sein könnte, die in jenem Fall aber gerade in Frankreich umherreiste. Die Mutter hatte kein Mitgefühl für die Menschen, die tatsächlich gestorben waren, sondern sorgte sich nur um ihre Tochter, die sich viele Kilometer vom Unglück entfernt aufhielt.

Wie ist unser Toleranzniveau dem Leiden gegenüber? Ist unsere Toleranz niedrig, dann wird es schwierig, die Intensität des Leidens zu ermessen, denn alles Leiden wird zu viel sein. Meinen wir, dass Leiden ungerecht ist und dass wir es niemals erleben sollten, dann kommen wir in Konflikt mit der Wirklichkeit. Das kann uns auch manipulativ machen, wenn wir versuchen, das Leiden um jeden Preis zu vermeiden, und es damit anderen auferlegen.

Sind wir jedoch immer nur mitfühlend für andere und niemals für uns selbst, dann wird das zu Groll und Erschöpfung führen. Groll entsteht, wenn mitfühlendes Handeln die eigene Kapazität, Leiden auszuhalten, über einen längeren Zeitraum hinweg übersteigt. Darüber hinaus kann Bitterkeit entstehen, wenn wir etwas für unser Mitgefühl zurückerwarten, was wir aber nicht bekommen. Selbstlosigkeit kann wunderbar sein, sofern es nicht in einem unvernünftigen und unangemessenen Rahmen geschieht. Wenn wir fortwährend geben und uns nie um uns selbst kümmern, dann wird irgendwann unsere Gesundheit und Kraft durch das Geben in Mitleidenschaft gezogen. Für eine kurze Zeit ist es wunderbar, sich selbst beiseitezulassen und andere in den Mittelpunkt zu stellen. Doch es gibt in uns mentale, emotionale und physische Grenzen dafür, und im Allgemeinen kann eine solche Haltung nicht über eine längere Zeit hinweg aufrechterhalten werden.

Vor zwei Jahren hielt ich während eines Retreats einen Vortrag über Mitgefühl. Danach kam eine junge, in Tränen aufgelöste Frau zu mir, die sich sorgte, dass sie ihrem Mann gegenüber nicht mitfühlend genug gewesen sei. Ich fragte sie nach den Umständen, die sie bewogen hatten, ihn zu verlassen. Sie erzählte mir, dass er drogensüchtig sei und dafür all das von ihr verdiente Geld gebraucht habe. Darüber hinaus umgebe er sich aufgrund seiner Sucht mit einer Reihe gefährlicher Leute. Sie hatte ihn schließlich verlassen, weil es ihr mit ihm zu gefährlich und nicht mehr aushaltbar erschien. Ich fragte sie, wie lang sie ihn geliebt und auf diese Weise unterstützt habe, und ihre Antwort war, dass es zehn Jahre gewesen seien. Ich wies sie darauf hin, dass sie ihm gegenüber sehr mitfühlend gewesen sei und dass es mir nun an der Zeit zu sein schien, dass sie sich selbst ähnlich mitfühlend begegnete.

Wir sollten darauf achten, nicht einem Muster zu verfallen, bei dem wir nur mitfühlend für andere sind, weil wir Wertschätzung erfahren und dadurch unsere Identität gewinnen oder bestätigen wollen. Unsere Existenz kann sich nicht ausschließlich an den Bedürfnissen anderer ausrichten. Das ist manchmal eine der Schwierigkeiten, mit denen Mütter zu tun haben, die sehr viel für ihre Kinder getan haben und sich nun damit auseinandersetzen müssen, dass diese größer geworden sind und das Haus verlassen. Damit scheinen sie das Zentrum ihres Lebens zu verlassen, und sie empfinden eine große Leere in ihrem Leben. Es ist wichtig, dass wir uns um andere Menschen sorgen, aber es ist auch entscheidend, dass wir uns um uns selbst kümmern und zulassen, dass andere sich um uns kümmern.

Der Buddha ging davon aus, dass die dritte der oben aufgeführten Haltungen die ausgewogenste ist. Es ist gesund und vernünftig, für sich selbst genauso viel Mitgefühl zu empfinden wie für andere. Zur selben Zeit müssen wir akzeptieren, dass es ein ganzes Spektrum an selbst erfahrenem und an aktivem Mitgefühl gibt. Wir sollten nicht versuchen, ein festgelegtes, richtiges Maß für alle Zeit zu finden. Es gibt kein Buch, in dem Mitgefühl addiert und gegengerechnet wird. Entsprechend den Umständen werden wir manchmal mehr Mitgefühl für andere zeigen, während wir zu anderen Zeiten mehr Mitgefühl für uns selbst brauchen. Zu wieder anderen Zeiten werden wir gleich viel Mitgefühl für uns und andere aufbringen. Das hängt nicht vom Zustand unseres Herzens, sondern von inneren und äußeren Umständen ab – also von dem, was erforderlich ist und was wir in der Lage sind, in diesem Moment beizutragen; sei es physisch, emotional oder mental.

Es gibt selten Menschen, die weder Mitgefühl für sich selbst noch für andere haben – aber es gibt Umstände, die dazu führen können. Vielleicht hat jemand gelernt, hart und gefühllos für das Leiden zu sein. Es kann sein, dass jemand keine Geduld mit Leiden oder Mitgefühl hat und seine Welt nur Sieger oder Verlierer kennt. Es kann sein, dass jemand jenseits der beschränkenden Elemente des Herzens existieren möchte und versucht, über die eigene Menschlichkeit hinausgehend eine abstrakte Welt ewigen Friedens zu erreichen. Es kann auch sein, dass jemand weder sich noch andere mag. Andere erscheinen dann nur als Feinde oder als Fremde, die man ausnutzen muss oder die als Ärgernis auszuschalten sind – und das kann zu Grausamkeiten führen. Darum bezeichnete der Buddha das Mitgefühl als Gegengift für Grausamkeit. Aber welches sind in unserem Leben die Hindernisse für Mitgefühl? Was hält uns davon ab, mitfühlend zu sein?

Hemmnisse für Mitgefühl

Einige der Haupthemmnisse für Mitgefühl sind Geschäftigkeit, Stress und Angst. Geschäftigkeit versetzt uns in einen seltsamen Zustand, bei dem wir fiebernd auf bestimmte Dinge fokussiert sind. Wir sind nervös und aufgekratzt, uns selbst stets weit voraus und immer besorgt, dass wir die Dinge nicht rechtzeitig schaffen. Wir bekommen einen Tunnelblick: Wir sehen nur einen bestimmten Ausschnitt der Realität, und alles andere an den Seiten des Tunnelblicks ist verschwommen und undeutlich. Begegnen wir in einem solchen Zustand jemandem, der in Schwierigkeiten steckt, dann können wir ihn nicht wirklich sehen, wir können nicht angemessen reagieren, denn wir sind in der mentalen und emotionalen Schlaufe gefangen von: »Ich bin beschäftigt. Ich hab überhaupt keine Zeit für so etwas.«

Um mitfühlend zu reagieren, müssen Sie stabil und offen sein. Sind Sie zu sehr auf etwas konzentriert oder zu getrieben, dann bleibt kein Raum mehr für irgendetwas anderes. Doch es fühlt sich natürlich auch gut an, beschäftigt zu sein, etwas zu tun zu haben – man fühlt sich lebendig und aktiv. Achtsamkeit kann Ihnen helfen, zu bemerken, wann Aktivitäten sich in etwas anderes verwandeln, nämlich in eine getriebene Geschäftigkeit, die Ihr Potenzial, andere zu sehen und auf sie zu reagieren, reduziert.

Sind Sie gestresst, wird Ihr gesamter Körper und Geist in negativer Weise energetisiert, und es ist schwierig, auszuruhen oder Schlaf zu finden. Das erschwert, optimal als menschliches Wesen zu funktionieren. Unser gesamtes System ist davon betroffen. Oft greifen wir dann zu unheilsamen Dingen, um den Stress zu mindern, doch diese schneiden uns weiter von anderen ab, wie sie uns auch von uns selbst abschneiden. Sich Alkohol und Drogen zuwenden sind zum Beispiel zwei unheilsame Reaktionen, aber es gibt noch zahllose andere.

Wie ich bereits in vorangegangenen Kapiteln erwähnt habe, führt Angst dazu, dass wir uns aus Selbstschutz in uns selbst zurückziehen und auf die äußere Welt übersensibel reagieren. Wir sind ständig in Alarmbereitschaft vor möglichen Gefahren, und dies macht es unmöglich, dass sich die Tür des Mitgefühls öffnen kann. Mitgefühl verlangt, dass Sie mit der Zeit ein couragiertes Herz entwickeln, das es Ihnen ermöglicht, leichter auf andere zuzugehen. Mit Weisheit langsam über unsere Ängste hinauszugehen – das ist entscheidend.

Kreatives, weises Mitgefühl

Wir alle können Mitgefühl empfinden, sofern uns keine Hindernisse im Weg stehen, aber dies mag nicht unbedingt ein *kreatives, weises Mitgefühl* sein. So haben wir viele Gewohnheiten, die unser Mitgefühl einschränken. Eine dieser Gewohnheiten kann »Tauschhandel« genannt werden. Ein Tauschhandel bedeutet, dass wir zwar mitfühlend sind, dies aber nur in der Hoffnung, etwas zurückzubekommen. Wir fühlen uns dann zu kurz gekommen oder beleidigt, wenn unser mitfühlendes Handeln ohne Belohnung bleibt. Dieses Muster kann in eine Art von »Erwartungs«-Mitgefühl übergehen. Das liegt dann vor, wenn wir mitfühlend sind und dafür etwas erwarten, zumindest dass ein Mensch sich zum Besseren ändern wird und natürlich, dass er uns dafür dankt. Oft ändern sich Menschen aber nicht oder nur extrem langsam, und wir erfahren dann ein »Ungedulds«-Mitgefühl, das uns zu denken veranlasst: »Wenn sich die Leute nicht ändern, warum ihnen dann überhaupt helfen?«

Ich traf einmal einen Mann, Richard, dessen Hobby es war, Menschen zu helfen, die er zufällig traf. Er erzählte mir eine wundervolle Geschichte, die dieses »Ungedulds«-Mitgefühl illustriert. Einmal traf er auf den Straßen Santa Barbaras einen Bettler namens Dan, der in einem schrecklichen Zustand war. So entschloss er sich, ihm zu helfen. Dan hatte ein Bein verloren, war drogenabhängig und sehr ungepflegt. Richard nahm ihn mit zu einer Stelle für Obdachlose, wo er sich waschen konnte. Er half ihm beim Ausfüllen von Formularen, damit er finanzielle Unterstützung bekam. Doch schon bald war Dan wieder auf der Straße und nahm Drogen. Richard dachte daran aufzugeben, doch er fühlte sich schlecht dabei. So sah er nach Dan und entschloss sich, ihm erneut zu helfen. Dan aber wurde wieder rückfällig und lebte weiter auf der Straße, und Richard gab wieder auf.

Doch er fühlte sich nicht gut dabei, und so entschied er, ihm wieder zu helfen, aber dieses Mal wollte er es anders machen und nicht aufgeben, egal was geschähe. Richard fand Dan und sagte ihm, dass er dieses Mal nicht aufgeben, dass er für ihn da sein und mit ihm durch dick und dünn gehen werde. Dieses bedingungslose Engagement Richards half Dan, zu erkennen, dass sein Leben es wert war, dafür zu kämpfen, und dass er trotz seiner Behinderung Potenzial hatte und es Hoffnung für ihn gab.

So schaffte er es, seinem Leben eine Wendung zu geben. Er setzte sich mit seiner Sucht auseinander, fand einen Job und schließlich auch eine Wohnung.

Aus kreativem, weisem Mitgefühl heraus geben wir etwas, wenn jemand in Not ist und es in unserer Macht steht, dies oder jenes zu unternehmen. Dafür brauchen wir keinen Dank.

Natürlich mögen die Leute dankbar sein und ihre Dankbarkeit ausdrücken, aber das ist für uns nicht notwendig. Manchmal bitten uns Menschen nur darum, bei ihnen zu sein. Sie wollen nicht, dass wir sie ändern, sie wollen beachtet und respektiert werden. Oft kann es sinnvoll sein, bei der Veränderung äußerer Bedingungen und dem Abbauen von Hindernissen zu helfen, so dass sie selbst fähig werden, ihr Leben neu zu kreieren und zu bereichern.

Schwierige Menschen

Eine andere Gewohnheit, die unser Mitgefühl einschränkt, ist »pingelig und wählerisch« zu sein. Es ist leicht, Mitgefühl für Menschen zu empfinden, die uns gleichen, die ähnliche Meinungen vertreten, die wir nett finden und mit denen wir gut auskommen. Mitfühlend zu sein bedeutet aber auch, dass wir unseren Verstand gebrauchen sollten: Empfinden wir Mitgefühl für einen Menschen, beinhaltet das nicht, dass wir seine Taten stillschweigend dulden, wenn sie unethisch und verletzend sind. Doch fordert kreatives, weises Mitgefühl von uns, unsere eigenen Grenzen zu überschreiten und uns allen gleichermaßen zu öffnen.
Kreatives, weises Mitgefühl lässt uns erkennen, dass schwierige Menschen oft unglücklich sind. Sie müssen es immer mit sich selbst aushalten, und das ist oft sehr hart für sie – wir treffen sie ja meist nur kurz oder gelegentlich. Wichtig ist, dass wir versuchen, unsere Begegnungen kreativ zu gestalten

und alles wieder loszulassen, nachdem wir wieder auseinandergegangen sind oder aufgehört haben, mit dem Menschen zu sprechen. Wenn wir nach dem Treffen oder dem Telefonat gedanklich weiter mit einem solchen für uns schwierigen Menschen streiten, dann greifen wir in negativer Weise nach ihm oder seinen Worten, und das wird die Negativität und deren Bedeutung intensivieren und vergrößern.

Im Zen gibt es ein traditionelles Gelöbnis, das lautet: »Zahllos sind die Lebewesen. Ich gelobe, sie alle zu retten.« Das bezieht sich darauf, Mitgefühl für alle Wesen zu empfinden. Es bedeutet nicht, dass wir buchstäblich jedes einzelne Wesen »retten«, sondern dass wir offen für alle Wesen sind. Sie alle zu retten kann auch so verstanden werden, dass wir ihnen alle dienen. Dies wiederum beinhaltet, dass wir Menschen nicht gegen ihren Willen retten wollen, sondern dass wir als Teil unserer Praxis offen für das Leben und das Leiden anderer sind.

Mitgefühl und Gleichmut

Wir sollten darauf achten, uns nicht von Mitgefühl überwältigen zu lassen. Darum empfahl der Buddha, Mitgefühl und Gleichmut zusammen zu praktizieren. Es gibt überall auf der Welt so viel Leiden und Menschen in Not, dass wir von diesem ungeheuren Ausmaß gelähmt werden könnten. Wir sollten deshalb darauf achten, wie wir Nachrichten aufnehmen, sei es aus dem Fernsehen oder den Zeitungen. Es ist wichtig, informiert zu sein und unser Herz für die Welt zu öffnen, aber wir müssen weise dabei vorgehen. Lediglich passiver Empfänger einer Informationsflut zu sein kann kontraproduktiv sein, denn es macht uns ängstlich, unsicher und überwältigt uns. Oft ist es besser, weniger informiert zu sein, aber aktiver vor Ort zu handeln.

Jedes Mal, wenn wir ein Retreat in Südafrika leiten, verbringen wir ein paar Wochen im Buddhistischen Retreat Zentrum in der Provinz Natal. Dieses Zentrum liegt in der Nähe eines Zulu-Dorfes, in dem es zahlreiche Aids-Fälle gibt und die Menschen sehr arm sind. Als Erstes halfen wir den Dorfschulen. Als uns bewusst wurde, wie viele Waisen es durch die zahlreichen an Aids gestorbenen Eltern gab, begannen wir eine Familie von vier jungen Erwachsenen zu unterstützen, auf die wir aufmerksam geworden waren. Eines Tages schlug ein Freund vor, wir sollten eine bettelarme Familie mit kleinen Kindern aufsuchen, um herauszufinden, ob wir auch ihnen helfen könnten. Wir kamen zu einer Hütte, die vollkommen leer war, bis auf einen abgenutzten Topf. Eine ältere Frau saß dort, sie war erst fünfzig, sah aber aus wie siebzig und schien vollkommen deprimiert. Sie war die kranke Großmutter von zwei jungen Mädchen, die in Lumpenfetzen gekleidet und über und über von Krätze bedeckt waren. Die Mutter war davongelaufen und der Vater kürzlich gestorben. Eine andere Tochter war eine Woche zuvor gestorben, und die Großmutter konnte dem Mann, der die Leiche der Tochter gemäß der Tradition verbrannt hatte, noch nicht einmal etwas zu essen geben. Als ich in der Hütte saß, fühlte ich mich selbst vollkommen deprimiert. Ich spürte die große Not dieser Familie, wusste, dass sie keinerlei Mittel hatte, um die Situation zum Besseren zu wenden. Die gesamte

Familie konnte nur betteln, und das in diesem armen Dorf. Mich machte auch die Erkenntnis betroffen, dass es in Südafrika, in Afrika, in der ganzen Welt viele solcher Familien, in ähnlich unerträglichen Verhältnissen lebend, geben musste.
Natürlich begannen wir die Familie zu unterstützen, brachten ihnen zu essen, Kleidung, Töpfe und Medizin. Wir ermöglichten den Kindern, zur Schule zu gehen, die sie bis dahin nicht besuchen konnten, weil ihnen die richtige Kleidung dafür fehlte und das Schulgeld zu zahlen ihnen nicht möglich war. Wir fanden eine Möglichkeit, dass sie an richtige Geburtsurkunden kamen, so dass sie offizielle Papiere beantragen konnten. Als wir später ein Foto von ihnen erhielten, sahen alle ganz verwandelt aus. Die Großmutter sah wie eine Fünfzigjährige aus und sehr viel glücklicher, die kleinen Mädchen wirkten fröhlich und voller Energie. Jetzt hatte die Familie Hoffnung auf eine Zukunft, weil es Menschen gab, die von ihrer Existenz wussten und sich um ihr Wohlergehen kümmerten. Ich bin immer noch besorgt, wenn ich an ihre längerfristige Zukunft denke, und bin traurig, wenn ich die Hütte vor mir sehe, aber ich bin glücklich, dass wir zumindest etwas hatten für sie tun können. In solchen Situationen kommen in mir viele Gefühle gleichzeitig auf, und es ist meine Aufgabe, sie zu erkennen, ohne mich von irgendeinem von ihnen überwältigen oder außer Gefecht setzen zu lassen.
Wir müssen vorsichtig sein, dass das Gewahrsein des Leides in der Welt nicht unser »Ich Arme/r! Die Welt ist hoffnungslos und dem Untergang geweiht, und ich fühle mich so schlecht deswegen«-Muster aktiviert, nicht eine bestimmte, uns tief innewohnende Traurigkeit verstärkt und vergrößert. Wenn wir uns zu sehr mit dem Leiden anderer identifizieren und das mit

unserem eigenen Leiden zusammenbringen oder sogar noch mit dem Leiden in der Welt, dann wird das schnell für uns unerträglich. Darum müssen wir klug und kreativ in unserem Mitgefühl sein, so dass wir stabil, aber auch ansprechbar bleiben.

ÜBUNG

Mitgefühl und Gleichmut

Legen Sie sich bequem auf Ihr Bett, Ihr Sofa oder ins Gras und seien Sie Ihres ruhenden Körpers gewahr.
Öffnen Sie Ihr Herz in Mitgefühl für Ihren eigenen Schmerz, sei er physisch, mental oder emotional, ohne ihn zurückzuweisen oder sich darin zu verfangen, und rezitieren Sie still für sich:

Möge ich frei sein von Schmerz.
Möge ich frei sein von Kummer und Leid.
Möge ich Frieden finden.

Weiten Sie Ihr Herz und dehnen Sie Ihr Mitgefühl nach einigen Minuten auf Menschen aus, mit denen Sie sich wohl fühlen, die unterstützend und freundlich sind. Vergegenwärtigen Sie sich diese Menschen und fühlen Sie in stabiler, offener Weise deren Schmerz und fokussieren Sie sich auf die Sätze:

Möget ihr frei sein von Schmerz.
Möget ihr frei sein von Kummer und Leid.
Möget ihr Frieden finden.

Öffnen Sie dann Ihr Herz und Ihr Mitgefühl für Menschen, für die Sie neutrale Gefühle hegen.
Erkennen Sie diese Menschen, ihr Leben und ihr Leiden an, indem Sie still wiederholen:

Möget ihr frei sein von Schmerz.
Möget ihr frei sein von Kummer und Leid.
Möget ihr Frieden finden.

Beziehen Sie nach einer Weile auch Menschen in Ihr Gewahrsein mit ein, mit denen Sie Kontakt haben und die für Sie schwierig sind.
Erkennen Sie deren Schmerz und Leid an und sehen Sie, dass diese Menschen sich Linderung ihres Leids wünschen, genau so wie Sie. Wiederholen Sie diese drei Sätze für sie, ohne angespannt oder negativ zu werden:

Möget ihr frei sein von Schmerz.
Möget ihr frei sein von Kummer und Leid.
Möget ihr Frieden finden.

Öffnen Sie dann Ihr Herz und Mitgefühl für das Leiden der ganzen Welt:

Mögen alle Wesen frei sein von Schmerz.
Mögen alle Wesen frei sein von Kummer und Leid.
Mögen alle Wesen Frieden finden.

Kultivieren Sie am Ende der Meditation Gleichmut, indem Sie sich auf die drei Sätze fokussieren:

Möge ich die Dinge annehmen und verstehen, wie sie sind.
Möge ich im Gleichgewicht sein.
Möge ich Gleichmut finden.

10
Ethik

Es ist die Aufgabe eines Bodhisattva, stets mitfühlend zu sein und sich den anderen hingebungsvoll zu widmen und sie alle durch jedes nur erdenkliche Mittel zur Befreiung zu führen.

DAS BRAHMA-NETZ-SUTRA

Der Bodhisattva-Pfad

Ein Bodhisattva ist ein Mensch, der das Erwachen nicht nur zu seinem Wohle, sondern zum Wohle aller Wesen anstrebt. Im Brahma-Netz-Sutra werden 58 ethische Richtlinien oder Regeln aufgeführt, die dem Bodhisattva bei diesem Bestreben helfen sollen. Mitgefühl gilt dabei als die Quelle der ethischen Haltung eines Bodhisattva. Als Ursache für das Verschwinden von Mitgefühl wird zum Beispiel sexuelles Fehlverhalten oder Diebstahl betrachtet.
In einer Regel, die sich darauf bezieht, sich um die zu kümmern, die krank sind, heißt es: »Jemanden, der krank ist, aus Abneigung oder Ärger nicht zu pflegen oder ihm nicht beizustehen bedeutet, ein Verbrechen zu begehen.« Eine andere Regel verlangt von uns, »davon Abstand zu nehmen, wütend zu

werden, und einen anderen gut zu behandeln, der um Vergebung bittet«.

Buddhistische Ethik basiert auf Mitgefühl und dem Wunsch, eine kooperative, unterstützende und harmonische Gesellschaft zu entwickeln. Indem man anerkennt, dass das Leiden alle gleichermaßen schmerzt, erwächst Mitgefühl als Basis für Ethik. Verletzt man mich, egal ob seelisch oder körperlich, dann fügt man mir Schmerzen zu, und ebenso schmerzhaft ist es für andere, verletzt zu werden. Die fünf grundlegenden ethischen Verhaltensrichtlinien des Buddhismus finden sich in ähnlicher Weise auch in anderen Religionen. Sie lauten:

- Kein Leben zerstören oder töten.
- Nichts nehmen, was nicht gegeben ist.
- Kein sexuelles Fehlverhalten begehen.
- Nicht lügen.
- Nichts Berauschendes zu sich nehmen.

Sobald wir in der Lage sind, Empathie für uns selbst, für das Leben, für andere aufzubringen, werden wir ganz selbstverständlich versuchen, ethisch zu handeln und diesen grundlegenden Richtlinien zu folgen. Es ist sinnvoll, so zu leben, denn es führt zu Frieden und Harmonie in uns selbst und in der Gesellschaft.

Impulsivität

Doch welche Gewohnheiten bringen uns dazu, anderen zu schaden und sie zu verletzen? Es sind hauptsächlich Impulsivität, Wut, Aggression und Ich-Bezogenheit. Menschen, die impulsiv sind und schnell wütend werden, verletzen andere Menschen eher als solche, die diese Gewohnheiten nicht besitzen.
Allen buddhistischen Richtlinien liegt das Prinzip zugrunde, kein Leid zuzufügen. Dieses Prinzip lädt uns ein, über das Leid, das wir verursachen, nachzudenken. Als vernünftige Menschen streben wir an, niemandem Leid zuzufügen. Doch Impulsivität lässt uns schnell andere durch Körper, Rede und Geist verletzen. Darum ist es so wichtig, dass wir Geduld kultivieren. Sie ist eine der zehn Vollkommenheiten, die uns zur Befreiung führen können. Körperlich entwickeln wir Geduld, wenn wir in Meditation sitzen und unserer Neigung, uns zu bewegen und ohne Nachdenken schnell zu handeln, widerstehen, ebenso wenn wir meditativ in einer langsamen, gleichmäßigen Weise gehen. Wenn wir still sitzen oder langsam meditativ gehen, lernen wir, all unserer Impulse, Gefühle und Empfindungen gewahr zu werden, die wir in diesem Moment erfahren. Wir werden vertraut damit, unsere Impulse, Gefühle und Empfindungen anzunehmen, ohne uns mit ihnen zu identifizieren, und sie einfach vorbeiziehen zu lassen, ohne zu meinen, wir müssten unmittelbar aus ihnen heraus handeln.
Mit der Zeit kann diese Übung eine bedeutsame Wirkung auf unser impulsives Wesen haben. Sie wird unsere Impulsivität

zwar nicht auslöschen, aber sie wird sie in Bahnen lenken und ihre Intensität vermindern. Sind wir impulsiv, müssen wir Stabilität und Weite in uns schaffen, damit wir nicht durch unsere impulsiven Gewohnheiten aus dem Gleichgewicht gebracht werden und vorschnell handeln.

Zu dieser Erkenntnis gelangen oft Häftlinge, die im Gefängnis meditieren. Ein Gefangener schrieb in einem Brief an eine Gruppe, die Meditation in Gefängnissen anleitet, dass Probleme entstehen und sich sein Wohlergehen mindert, sobald er für ein paar Tage aufhört zu meditieren: »Ich kann die Aggressionen, die Anspannung und den Mangel an Geduld spüren, wie sie zurück in meine Schultern kriechen.« Durch das Gewahrsein, das er zu entwickeln begann, konnte er diese destruktiven Muster deutlich erkennen. Er kehrte somit schnell zu seiner regelmäßigen Meditationspraxis zurück und war überrascht, wie bald er sich wieder wohl und friedvoll fühlte.

In vielen Teilen der Welt wurden aus diesem Grund in unterschiedlichen Gefängnissen viele erfolgreiche Meditationsprogramme gestartet. Ein sehr bekanntes Programm ist das von Kiram Bedi initiierte im Tihar-Gefängnis in Indien. Inzwischen gibt es sogar innerhalb der Haftanstalt ein Meditationszentrum, in dem bereits Tausende von Insassen intensive zehntägige Meditationskurse absolvierten und sehr davon profitierten.

Allein mit anderen

Wir sind soziale Wesen. Wir sind allein und doch unvermeidlich mit anderen Menschen in dieser Welt verbunden. Unsere Gesellschaften haben sich nicht nur durch Wettbewerb und Egoismus, sondern auch durch wechselseitige Unterstützung und Kooperation entwickelt. Kürzlich las ich einen Artikel über Wasserknappheit in Indien. Seitdem die Bauern dort damit begonnen haben, nach Wasser zur Bewässerung der Felder zu bohren und Elektropumpen zu benutzen, ist der Wasserspiegel gesunken und das Wasser verschwindet. Bauern, die das beobachten, werden sagen: »Wenn ich dieses Wasser nicht nutze, wird es jemand anderes tun.« Dieser Gedanke ist einer der Hauptgründe für den Raubbau an grundlegenden Ressourcen und destruktive Praktiken. »Wenn ich es nicht tue, dann wird es jemand anderes tun; und dann kann ich es ja auch sein, der davon profitiert, selbst wenn es auf lange Sicht schlecht ist und die Ressourcen zu Ende gehen.«

In einem indischen Dorf entschieden sich die Bauern, zu dem zurückzukehren, was in alten Zeiten üblich war – sie sammelten das Monsunwasser in Tanks. Aber die Bauern brauchten die Hilfe der anderen Dorfbewohner. Jetzt ist es um das Dorf herum grün, und die Menschen kommen von weit her, um sich anzuschauen, was hier erreicht wurde. Inzwischen gibt es an vielen Orten in Indien eine Regenwassersammel-Bewegung.

Dem Buddha zufolge haben unheilsame Handlungen vier Ursachen: Begierde, Wut, Ignoranz oder Unwissenheit und Angst. Mit Ignoranz meint der Buddha die Tatsache, dass wir nicht klar sehen, wie sich alles wandelt und wie alles, einschließlich unserer selbst, aus Bedingungen entsteht und nicht unabhängig existiert. Ignoranz liegt an der Wurzel destruktiven Konsumverhaltens – wie im Fall der Bewässerung in Indien. Ignoranz macht uns nicht nur blind, sondern sie behindert auch unser kreatives Potenzial. Ignoranz lässt uns nur an den kurzfristigen Vorteil denken und verhindert jedes Nachdenken über die längerfristigen Konsequenzen. Ein Nachdenken, was dazu führen könnte, dass man bessere, nachhaltigere Lösungen findet.

Täuschung und Ich-Bezogenheit sind in ihrer Kombination machtvolle Gewohnheiten, die sich wechselseitig verstärken. Unter ihrem Einfluss hält man nicht inne und überlegt, wie man etwas auch anders tun könnte. Täuschung und Ich-Bezogenheit sind im täglichen Leben oft gegenwärtig. Doch ab welchem Punkt fühlen wir uns betroffen und angesprochen und stellen unsere Eigeninteressen einmal für ein allgemeines gesellschaftliches Interesse und Wohl beiseite, von dem nicht nur wir, sondern auch die Gesellschaft als solche profitieren könnten? Ein entscheidendes Element für eine weise, kooperative und ethische Haltung ist ein Verständnis für Ursachen und Wirkungen.

Ursachen und Folgen

Im *Sigalovada Sutra* betont der Buddha, dass das Kultivieren einer ethischen Haltung, die sowohl uns selbst als auch anderen gleichermaßen zugutekommt, aus einem tiefen Verständnis für die Bedingtheit aller Phänomene und für die Tatsache, dass Handlungen stets Wirkungen haben, resultiert.

Für den Buddha besteht ethisches Leben nicht nur darin, mit dem eigenen spirituellen Wohlergehen, sondern auch mit dem materiellen Wohlergehen befasst zu sein. Das wiederum kann einerseits für die Familie, aber andererseits auch für die ganze Gesellschaft förderlich sein. Der Buddha sagt in diesem Zusammenhang:

> *Der Kluge, tüchtig so bewährt,*
> *Wie strahlend Feuer glänzt er hell;*
> *Vermögen schafft er, sammelt an,*
> *Der Biene gleich, die Honig saugt:*
>
> *So wird er reicher Tag um Tag,*
> *Ameisenemsig recht bemüht.*
> *Wer also einzuernten weiß,*
> *Der ist im Hause reich genug;*
> *Er teilt die Habe vierfach ab,*
> *Kann fest nun knüpfen Freundesbund.*
>
> *Ein Teil, der dien' ihm zum Genuß,*
> *Mit zwein versorg' er sein Geschäft,*
> *Den vierten spar' er zu Bedarf:*
> *Er soll für später Hort ihm sein.*[2]

---

2 In: *Die Reden des Buddha, Längere Sammlung.* Aus dem Pâlikanon übersetzt von K. E. Neumann, Verlag Beyerlein & Steinschulte, 4. Aufl. 1996

Eine ethische Haltung beinhaltet, an negativen Gewohnheiten zu arbeiten, die uns veranlassen, anderen zu schaden. Sie beinhaltet aber auch, positive Handlungen zu kultivieren, die uns befähigen, eine harmonische und kooperative Gesellschaft zu entwickeln. Darum spricht der Buddha im *Sigalovada Sutra* so ausführlich über unterstützende Freundschaften, sei es innerhalb der Familien, der Verwandtschaft, unter Freundinnen und Freunden, zwischen Lehrern und Schülern oder zwischen Arbeitgebern und Arbeitnehmern. Der Buddha empfiehlt, sanft, aber auch klug zu sein, ebenso großzügig wie unvoreingenommen, gastfreundlich und auch tatkräftig.

Moderne Ethik

Ethik besteht nicht nur aus Regeln und Vorschriften, denen die Menschen Folge leisten, weil sie sich aus Angst vor Bestrafung und gesellschaftlicher Ächtung dazu gezwungen sehen. Ethische Richtlinien sind viel eher Orientierungen zur Reflexion, die uns helfen, unsere Muster, Gewohnheiten und Haltungen, die für uns, für andere und für die Welt destruktiv sind, anzuschauen, so dass wir diese zerstörerischen Gewohnheiten auflösen oder zumindest schwächen können.

Von einer buddhistischen Sichtweise aus betrachtet, bedeutet Ethik die Kultivierung von Selbstachtung und die Berücksichtigung anderer in Körper, Rede und Geist. Eine ethische Haltung beinhaltet, dass wir unsere Motivationen, unsere Handlungen sehen, deren Folgen sichtbar oder unsichtbar sein mögen. Es ist ein Training in Gewahrsein und Weisheit.

Eines der wichtigsten Themen in diesem Zusammenhang ist die Notwendigkeit eines globalen, ökologischen Gewahrseins. Weil bestimmte Ressourcen begrenzt sind, hat jeder von uns die Verantwortung für das, was wir produzieren, was wir konsumieren und welche zerstörerische Wirkung das auf den ganzen Planeten Erde haben kann. Mahatma Gandhi riet seinerzeit zu bedenken, wie wir Menschen im Rahmen unserer Möglichkeiten den geringsten Schaden anrichten können. Jedes Lebewesen will überleben, aber dieses Bestreben sollte nicht selbstsüchtig auf Kosten anderer oder des ganzen Planeten umgesetzt werden. Wir sind Individuen, die für ihre Taten verantwortlich sind. Wir können sie nicht auf andere abwälzen. In Bezug auf den Schutz und die Erhaltung unserer Umwelt sollten wir unsere Situation und unsere Umstände näher betrachten und sehen, was wir tun können.

Ich kaufe auf einem nahe gelegenen Markt frische Produkte aus der Region ein, aber nicht alle haben einen solchen Markt in ihrer Nähe. Eine ethische Haltung muss an unsere Umstände angepasst sein und daran, was in unserer Situation sinnvoll und möglich ist.

Ethisches Sprechen

Ethisch, weise und konstruktiv zu sprechen ist sehr wichtig. Denn Worte können eine wirkungsvolle Waffe der Aggression oder Manipulation sein, sie können aber auch schon dadurch großen Schaden anrichten, dass sie gedankenlos ausgesprochen werden.

Menschen verbringen viel Zeit damit, zu tratschen, rumzukritteln, andern in den Rücken zu fallen, zu intrigieren und sich über andere lustig zu machen. Auch wenn sich natürlich nicht jedes Gespräch um den Sinn des Lebens oder den Ursprung des Universums drehen muss, so ist es doch wichtig, auch in unserem Sprechen eine ethische Haltung zum Ausdruck zu bringen und zu sehen, wann wir direkt oder indirekt destruktiv und verletzend werden. Gewahrsein ist der Schlüssel. Was sage ich? Wie sage ich es? Zu wem sage ich es? Was bezwecke ich damit?

Tratsch ist Teil des menschlichen Lebens, aber wenn er boshaft und hinterhältig wird, kann er großes Leid verursachen, vor allem wenn er zu geheimen Absprachen führt und dazu benutzt wird, die eigene Position abzusichern. Nehmen Sie wahr, wie Sie Ihre Freunde in Anspruch nehmen, damit diese Ihre Position bekräftigen, wenn Sie ein Problem mit jemandem haben. Oder wenn eine Gruppe von Leuten Schwierigkeiten mit einer anderen hat, wie viel Zeit damit verbracht wird, endlos untereinander immer dieselben Argumente darüber auszutauschen, warum die eigene Gruppe recht hat und die andere unrecht. Das wird mit Sicherheit weder zu Frieden und Harmonie noch zu einer kreativen Lösung des Problems führen.

Versuchen Sie einmal als Übung, eine Woche lang nicht über einen anderen Menschen zu sprechen, wenn er nicht dabei ist. Sie werden feststellen, dass sich Ihre Konversation drastisch reduziert. Ihr Geist aber wird ruhiger, da Sie die Zeit deutlich verringern, die Sie mit endlos kritischem Denken über andere verbringen.

Ethisch zu sein heißt, bewusst und gewahr zu sein und bestimmten Werten einen hohen Stellenwert einzuräumen, wie z.B. anderen nicht zu schaden, Großzügigkeit, Weisheit und Mitgefühl. Und es beinhaltet das Bemühen, diese Werte lebendig und in unserem täglichen Leben wirksam werden zu lassen, nicht nur in uns, sondern auch in unseren sozialen Beziehungen.

ÜBUNG

Nachdenken über ein ethisches Leben

Was tun Sie für Ihren Geist? Was tut Ihr Geist für Sie?
Ihr Geist ist kostbar und ermöglicht Ihnen, bewusst und weise und klug zu sein. Es wäre hilfreich, sein Wirken und das, was er für Sie tut, zu respektieren. Was können Sie dafür tun?
Ihr Körper erhält Sie und ermöglicht Ihnen zu existieren. Wie können Sie zu seiner Gesundheit und seinem Erhalt beitragen?
Was tun Sie für Ihre Familie? Was tut Ihre Familie für Sie?
Wenn Ihre Familie liebevoll und unterstützend ist, können Sie dann daran teilhaben, indem Sie Ihrerseits diese Liebe und Unterstützung kultivieren und entwickeln?
Was tun Sie für Ihre Freundinnen und Freunde? Was tun Ihre Freundinnen und Freunde für Sie?

Wenn Ihre Freundinnen und Freunde für Sie da sind, wie können Sie für sie da sein?
Was tun Sie für die Gesellschaft? Was tut die Gesellschaft für Sie?
Wenn Sie in eine relativ stabile und offene Gesellschaft hineingeboren wurden, wie können Sie dieser Gesellschaft in kreativer Weise helfen?
Was tun Sie für die Welt? Was tut die Welt für Sie?
Die Welt versorgt Sie mit Kultur und Anbindung. Was können Sie tun, um die Kultur zu bewahren und weitere Anbindung zu schaffen?
Was tun Sie für die Erde? Was tut die Erde für Sie?
Ihr Leben hängt von der Erde ab. Wie können Sie zum Leben und zum Wohlergehen der Erde beitragen?

11
Ein kreativer Pfad

Mit Jahreswechsel ging ein trübseliges Jahr,
Zum Frühlingsanfang strahlt die Welt in frischen Farben.
Wilde Blumen lachen überm grünen See.
Berggipfel tanzen im blauen Dunst.
Bienen und Schmetterlinge spielen glücklich und
fröhlich,
Der Vögel und der Fische Freude darf ich teilen.
Die Sehnsucht nach einem Spiel-Gefährten aber blieb,
Bis Morgengrauen wälzte ich mich schlaflos.

HAN-SHAN
(CHINESISCHER DICHTER DER TANG-DYNASTIE)[3]

Tägliches Leben

Unser Leben verbringen wir in Dörfern, Städten oder Großstädten, oft weit entfernt von der Natur. Von Zeit zu Zeit haben wir vielleicht die Möglichkeit, an Meditations-Re-

---

3 Hanshan. *Gedichte vom Kalten Berg. Das Lob des Lebens im Geist des Zen.* Freiamt: Arbor Verlag, 2001, Seite 102

treats auf dem Land teilzunehmen, für ein Wochenende, eine Woche, einen Monat ins Grüne zu fahren. Doch unser Leben besteht in erster Linie aus Arbeit, darin, sich mit anderen zu beschäftigen, in einer Schlange zu stehen, im Supermarkt einzukaufen usw. Bei einem Meditations-Retreat besteht die Herausforderung darin, den Augenblick so, wie er ist, anzunehmen und dem vorgegebenen Tagesablauf zu folgen. Im täglichen Leben liegt die Herausforderung darin, sich nicht von der Vielzahl der Eindrücke, Interaktionen, Informationen, Meinungen und Emotionen, die in uns und um uns herumwirbeln, überwältigen und aus dem Gleichgewicht bringen zu lassen. Wenn wir in der Komplexität unseres Lebens Stabilität und Klarheit finden können – dann kann sich uns ein kreativer Pfad eröffnen: eine neue Weise des Schauens und Betrachtens.

In der Zen-Tradition gibt es eine Reihe von Bildern, die die »Zehn Ochsenbilder« genannt werden. Sie stellen die verschiedenen Stadien auf dem meditativen Pfad dar. Diese Bilder sind eine gute Orientierung dafür, den Prozess zu beschreiben, der bei der kreativen Bewältigung destruktiver Gewohnheiten im täglichen Leben wirksam ist. Das Thema der Bilder ist die Suche nach Frieden, Harmonie und Erwachen. Sie erzählen die Geschichte eines jungen Hirten, der nach seinem Ochsen sucht.

Die Suche nach dem Ochsen

Das erste Bild zeigt den Jungen, verloren in der Natur, inmitten von Bäumen und Flüssen und angstvoll nach dem Ochsen Ausschau haltend.

Dieses Bild zeigt den Zustand, in dem wir nicht realisieren, dass wir in unseren destruktiven Gewohnheiten verfangen sind. Wir gleichen einem Menschen, der mit verbundenen Augen durch die Gegend läuft, hier gegen Möbel rennt, dort in Löcher fällt. Wir leiden und verursachen auch bei anderen Leid. Wir sind seltsam unbefriedigt, wissen aber nicht, was unser Problem ist. Wir fühlen uns vielleicht in unserer eigenen Haut unwohl. In diesem Zustand glauben wir oft, das Problem käme von außen – und wir suchen im Außen nach einer Lösung, damit alles für uns reibungsloser und einfacher läuft.

Wir wenden uns an diesem Punkt vielleicht Sex und Beziehungen zu, um eine bestimmte Leere auszufüllen, nehmen Drogen, um unseren Schmerz zu betäuben, machen Sport, um unsere Energien in bestimmte Bahnen zu lenken, suchen Unterhaltung, um uns abzulenken, arbeiten, um etwas zu erreichen, oder streben materielle Dinge an, um es uns behaglicher zu machen. Aber keines dieser Dinge, und auch nicht alle zusammen, stellt uns vollkommen zufrieden. Sie lösen nicht unser grundlegendes Problem von Leid, Mangel oder Konflikten. Sie führen nicht zum Frieden.

Die Fährte des Ochsen entdecken

Das zweite Bild zeigt den Jungen, wie er die Fährte des Ochsen entdeckt.
In diesem Zustand beginnen wir zu ahnen, dass die Probleme nicht alle von außen kommen, sondern auch mit uns selbst etwas zu tun haben mögen, mit der Art, wie wir uns verhalten und unseren Geist benutzen. Unsere eigenen Gewohnheiten blenden uns nicht mehr so. Wir beginnen zu erkennen, dass das, was wir denken, nicht unbedingt wahr sein muss. Und nur weil wir etwas denken oder wollen, bedeutet das nicht, dass es auch genau so geschehen wird. Wir müssen einen gewissen Zustand der Unreife hinter uns lassen, der uns stets annehmen lässt, dass sich alles nur um uns dreht. Wir fangen an, das Leben organischer und weniger abstrakt zu sehen. Wir sehen Bedingungen, Ursachen und Folgen. Wir streben nach bestimmten Werten für uns und für unsere Gesellschaft.
In Bezug auf die Meditation ist dies der Zustand, in dem wir Spuren der Spiritualität entdecken, die uns berühren. Wir sehen sie als Dimension, die uns in unserem Leben fehlt. Ich persönlich konnte sehen, dass ich in Gedanken- und Gefühlsmustern feststeckte, die ich durch meinen Willen allein nicht einfach transformieren konnte.

Den Ochsen sehen

Im dritten Bild sieht der Junge ab und zu den Rücken des Ochsen durch das Laubwerk. Schließlich hat er nun den Ochsen gesehen und weiß, dass er existiert und nah ist.

Zu diesem Zeitpunkt beginnen wir, sehr deutlich zu sehen, worin das Problem besteht, und wir erhaschen einen Blick auf die »Lösung«. Wir sehen, dass schwierige mentale, physische und emotionale Gewohnheiten aufgrund bestimmter Bedingungen entstehen. Manchmal sind sie da, manchmal nicht. Manchmal sind wir friedvoll und glücklich, und manchmal geraten wir in schreckliche Zustände, in denen wir uns nicht einmal selbst mehr erkennen.

Auf die Meditation bezogen, suchen Sie auf dieser Ebene nach einer Methode, einer Übungspraxis. Es ist sehr entscheidend, dass die Methode, die Sie wählen, mit dem korrespondiert, was Sie anstreben. Eine Methode, die Sie für sinnvoll erachten, die Sie relativ einfach ausüben und die nicht Ihren grundlegenden Werten von Ethik, Weisheit, Mitgefühl und Nicht-Verletzen entgegensteht. Wichtig ist, dass der Pfad, dem Sie folgen wollen, offen und nicht dogmatisch ist (oder zumindest nicht zu dogmatisch), Sie sich nicht als Gefangene oder Gefangener in Ihrer Gruppe fühlen, Ihre eigenen Überzeugungen nicht aufgeben müssen und Sie sich nicht ausgeliefert fühlen. Die Methode, die Sie für sich gefunden haben, sollte Ihnen zu mehr Offenheit und Stabilität verhelfen und sie sollte nicht zu teuer sein.

Den Ochsen fangen

Das vierte Bild ist meines Erachtens das eindrucksvollste der ganzen Reihe. Der Hirte hat den Ochsen mit einem Strick einfangen können, doch der Ochse will nicht eingefangen werden. Er springt und zieht und zerrt. Der Junge muss den Strick ganz energisch festhalten, um sich zu behaupten.

Dies repräsentiert die Ebene, auf der Sie sich entscheiden, etwas gegen Ihre Gewohnheiten tun zu wollen. Sie wollen ihnen nicht mehr nachgeben. Sie wollen sich beherrschen, und Sie entscheiden sich, nicht wütend, eifersüchtig oder ängstlich zu werden.

Doch Sie erkennen, dass es nicht ausreicht, nur daran zu denken, den alten, schmerzvollen Gewohnheiten nicht mehr zu folgen. Sie müssen Ihre eigene kreative Kraft entwickeln, um gegen die Macht der Gewohnheiten, die sich über einen längeren Zeitraum hinweg ausgebildet haben, anzugehen. Es ist ein Kampf. Die Gewohnheiten bewegen Sie in die eine Richtung – aber Sie beginnen, ihnen zu widerstehen. In diesem Stadium haben Sie vielleicht das Gefühl, sich selbst in ein Schlachtfeld zu verwandeln. Aufzugeben scheint verführerisch und so viel einfacher zu sein, aber Sie wissen um die leidvollen Konsequenzen, die es hat, wenn Sie in diese Verhaltensweisen zurückfallen. Sie bleiben also fest bei Ihrem Vorsatz und widerstehen mit aller Macht. Auf dieser Stufe ist die Meditation ein hilfreiches Instrument, Ihre Beziehung zu Ihren Mustern zu verändern, da Meditation Sie stabilisiert und Sie Ihre Muster so deutlicher sehen können.

Wenn wir zu diesem Zeitpunkt einen meditativen Pfad für uns

gefunden haben, folgen wir ihm wirklich. Wir sitzen in Stille, versuchen uns zu sammeln und zu erkunden und finden das sehr schwierig. Sobald wir uns zu konzentrieren versuchen, wandert unser Geist umher. Wir können uns nur wenige Sekunden lang konzentrieren. Sind wir nicht in Gedanken verloren, fühlen wir uns dumpf und schläfrig. Fühlen wir uns nicht träge, haben wir Schmerzen in den Knien oder im Rücken. Es scheint eine unmögliche Aufgabe, einfach stillzusitzen und des Augenblicks gewahr zu sein, so wie er ist. Doch wenn wir beharrlich bleiben und es weiter versuchen und es schaffen, stillzusitzen und zu meditieren, dann können wir die Wirkung dieses Bemühens und Einsatzes spüren. Meditation nährt unser ganzes Sein. Wir fühlen uns ruhiger und durchschauen die Mechanismen unserer schmerzvollen Gewohnheiten klarer.

Den Ochsen hüten

Im fünften Bild hält der Junge zwar noch den Strick, aber schon lockerer. Er und der Ochse ziehen Seite an Seite dahin. Es gibt keine Anspannung mehr.
Wir sehen nun unsere Gewohnheiten direkt und wissen um sie. Wir übertreiben sie nicht mehr, lassen sie nicht ausufern. Es gibt sie, und wir erkennen, dass wir bestimmte Tendenzen und Besonderheiten haben, die mit äußeren Bedingungen zusammenwirken. Wir können das ebenso akzeptieren wie die Bedingungen, denen wir begegnen. Dank dieser tiefen Akzep-

tanz, diesem tiefen Wissen, erscheinen uns unsere Gewohnheiten alltäglicher und so, dass wir mit ihnen umgehen können. Auf dieser Stufe ist die Kraft der Gewohnheiten schwächer geworden, und wir können mit ihnen normal umgehen. Es gibt keinen heroischen Kampf mehr.

Aber das ist noch die Anfangszeit, von daher sollten Sie vorsichtig sein. Darum hält der Hirte immer noch den Strick. Ihre Kraft ist noch immer nicht völlig stabil. Sie können sich schnell wieder zurückentwickeln, von daher müssen Sie wachsam bleiben und bereit, schnell zu reagieren und an dem Ochsen zu ziehen, wenn er plötzlich davonrennen will.

Das geschieht, wenn Sie nach einer ruhigen Phase von alten Gewohnheiten in Versuchung geführt werden. Kreatives Gewahrsein lässt Sie diese Neigung durchschauen, so dass sich die Gewohnheit nicht wieder durchsetzen kann. Sie haben Fähigkeiten, die Sie nutzen können: Geduld, Stabilität, Großzügigkeit, Ausdauer und Geschicklichkeit. Statt in alte Muster zurückzufallen, wissen Sie, dass etwas anderes möglich ist, und sie tun dieses andere.

Bezogen auf die Meditation, heißt das, wir sind mit der Technik vertraut geworden. Der Geist ist geschmeidiger geworden, der Körper entspannter, das Herz beginnt sich zu öffnen. Meditation ist keine seltsame und fremde Aktivität mehr für uns. Wir können sie regelmäßig zu Hause oder informell während des Tages durchführen. Sie wird Teil unseres Lebens. Zeitweise treffen wir vielleicht auf einige Hindernisse – Ruhelosigkeit oder Müdigkeit, aber wir gehen damit, wenn sie auftauchen, geschickt um. Sie überwältigen uns nicht mehr, denn unser Vertrauen und unsere Fähigkeiten sind inzwischen gefestigter.

Auf dem Ochsen nach Hause reiten

Das sechste Bild ist ein Bild der Freude und der Ungezwungenheit. Der Junge sitzt rittlings auf dem Ochsen und spielt Flöte.

Das zeigt, dass Sie freudiger und kreativer sind, wenn Sie sich von Ihren Mustern befreit haben. Sie realisieren auf dieser Stufe, dass das Feststecken in Gewohnheitsmustern Ihnen nicht nur Leid bereitet, sondern auch Ihre Freude und Kreativität hemmt. Indem Sie sich von einschränkenden Gewohnheiten befreien, eröffnet sich Ihnen eine Welt voller neuer Möglichkeiten.

Sie können beginnen, Ihren kreativen Neigungen zu folgen. Haben Sie einen Garten, können Sie ihn als Areal betrachten, um mit Farbe und Struktur zu spielen. Kochen kann zu einer Freude werden. Sie können weiterhin einfach kochen, aber interessante Zutaten verwenden, die Sie auf verschiedene Weisen zubereiten. Sie könnten Geschmacksrichtungen, Farben und Konsistenzen entdecken. Vielleicht experimentieren Sie mit Gewürzen, Aromen und damit, wie Sie die Speisen anrichten. Das Essen auf einem Teller anzurichten kann ein künstlerisches Unternehmen werden. Sie fühlen das Verlangen, etwas aus nichts zu kreieren, rein aus der Freude am Schaffensprozess selbst, nicht um es auszustellen oder sich zu messen, sondern allein um sich auszudrücken. Benutzen Sie das Material, zu dem Sie sich hingezogen fühlen, seien es Worte, Bilder, Holz, Stein oder Stoff. Durch das Loslassen Ihrer Gewohnheiten wird Ihr kreatives Potenzial befreit.

Wann immer meine siebenjährige Nichte uns besuchen kommt,

malen wir zusammen am Küchentisch. Jede hat ein leeres Blatt Papier vor sich, und wir benutzen dieselben Farbstifte. Ich male Formen, die ich dann mit Farben ausmale, wobei jede Farbe nach der nächsten ruft. Meine Nichte malt Häuser, Menschen, Blumen und Tiere. Wir schauen immer wieder gegenseitig unsere Bilder an und bewundern sie. Es ist eine höchst angenehme, kreative Zeit, die wir miteinander verbringen. Denn wir versuchen nicht, einander etwas zu beweisen. Wir genießen es einfach, zusammen zu malen, wobei jede ihren eigenen Fähigkeiten, ihrem Sinn für Farben und Formen folgt.
Auf der sechsten Stufe wird Meditation einfacher. Es gibt einen Fluss von Gewahrsein und Absicht. Es ist weniger Greifen da, so dass die Gedanken, Empfindungen und Gefühle ohne Anhaftung kommen und gehen. Eine große Stabilität, aber auch Leichtigkeit durchdringt Ihr ganzes Sein. Sie müssen gar nicht mehr über Meditation nachdenken, sie geschieht von selbst. Sie nehmen sich jetzt selbst weniger ernst und sehen auch die komischen Seiten des Lebens. Andere können von Ihrer Leichtigkeit und Ungezwungenheit profitieren.

Den Ochsen vergessend, ruht der Hirte sich alleine aus

Im siebten Bild ist der Ochse verschwunden, und der Junge sitzt am Abend ruhig zu Hause und betrachtet den Mond. Sobald wir frei sind von den Gewohnheiten, die unser Leid schaffen und intensivieren, wird unser Leben in schöner Wei-

se normal und alltäglich. Jeder Augenblick enthüllt uns seine Fülle und seine Komplexität. Lassen wir unsere Ängste und Sorgen los, sind wir gegenwärtiger und lebendiger.
Wir verlieren die Angst, uns zu langweilen oder nichts Besonderes zu sein. Wir feiern die Alltäglichkeit unseres Hörens, Sehens, Riechens, Tastens, Denkens und Seins. Wir atmen, und es ist ein Wunder, dass wir das tun können. Wir genießen es, still zu sitzen, ohne irgendetwas zu tun. Wir würdigen die Schönheit, überhaupt lebendig zu sein – am Abend dasitzen und den strahlenden Glanz des Mondes betrachten zu können.
Auf die Meditationspraxis bezogen, heißt das, dass wir keine Trennung mehr zwischen Meditation und unserem Leben sehen. Jede Handlung kann eine meditative Handlung sein. Wir können alles, was wir tun, mit meditativem Gewahrsein tun – arbeiten, ruhen, zuhören oder kommunizieren. Mein koreanischer Lehrer pflegte zu sagen: »Selbst wenn wir zur Toilette gehen, meditieren wir.« Kreativ gewahr sein wird zu etwas ganz Natürlichem. Wir müssen uns nicht mehr dazu drängen, achtsam und gewahr zu sein. Es geschieht ganz von selbst und bereichert unser Leben und unsere Beziehungen.

Der Ochse und der Hirte sind beide vergessen

Auf dem achten Bild ist nur ein leerer Kreis zu sehen: Junge und Ochse sind verschwunden.
Sobald sich die Wurzeln der Gewohnheiten aufgelöst haben,

vereinfacht sich unser Leben. Gewohnheiten haben es verkompliziert. Vorher hatte sich jeder kleine Vorfall, jede Begegnung in ein riesiges Problem verwandeln können, das uns noch Tage beschäftigte. Vorher war alles so schrecklich wichtig gewesen. Jetzt hat das, was immer Ihre schmerzvollen Gewohnheiten auch auslöste, keinen Platz mehr, um aktiv zu werden. Es ist wie bei einem Fluss, der ins Meer mündet – es gibt keine speziellen Wellen, sondern nur eine Kontinuität des Wassers. So ist es auch in einem Leben frei von Gewohnheiten: Da gibt es eine Kontinuität von Handlungen und Leben, die ineinanderfließen und voller kreativer Reaktionen sind. Die Handlungen und Reaktionen kommen von einem weiten, stabilen und offenen Ort, und sie kehren zu einem weiten, stabilen und offenen Ort zurück. Nichts wird gestört.

Sie haben erkannt, dass es für die Gewohnheiten keinen Ort gibt, an dem sie existieren, und auch keine Substanz, aus der sie bestehen. Sie sind lediglich flüchtige Phänomene. Ohne Greifen gibt es keinen Ort, um zu haften. Das ist äußerst bemerkenswert: Die Gewohnheiten schienen so stark und übermächtig, doch tatsächlich waren sie es gar nicht. Sie sind entschärft.

Auf dieser Stufe erkennen Sie, dass Sie nicht so festgelegt, begrenzt und starr sind, wie Sie zu sein glaubten. Es gibt mehr Fließen, Flexibilität und Bewegungsmöglichkeiten, als Sie sich bislang vorstellen konnten. Ihr Leben wird zu einer Erzählung, die Sie selbst schreiben können, weder Ihr eigener Blick noch der Blick anderer legt sie da fest.

Kürzlich las ich *White on Black* von Ruben Gallego. Es ist seine Lebensgeschichte, die er in in kleinen Skizzen erzählt.

Ein trauriges, bescheidenes und inspirierendes Buch. Gallego wurde mit zerebraler Kinderlähmung geboren. Er konnte nicht gehen und wurde in ein Waisenhaus gesteckt. Seiner spanischen Mutter hatte man erzählt, er sei gestorben. Sein Zustand war entsetzlich. Die Menschen, die sich um ihn »kümmerten«, sagten ihm oft, wie nutzlos er sei, welche Last für die Gesellschaft und dass es besser für ihn wäre, wenn er tot sei.

Doch er war außergewöhnlich intelligent und kreativ, und er überlebte. Sein Überleben als liebevoller, kreativer und humorvoller Mensch in dieser destruktiven Umgebung ist ein Wunder und gänzlich der Kraft seines Gewahrseins und seiner Beobachtungsgabe geschuldet. Ihn rettete, dass er sich weder mit seinen körperlichen Einschränkungen identifizierte noch mit dem herabsetzenden Bild, das andere von ihm hatten. So behinderte er sein eigenes kreatives Potenzial nicht. Dieses Potenzial konnte ihn so stärken und ihm helfen, sogar inmitten seines Leidensweges zu erblühen.

Die Rückkehr zum ursprünglichen Ort

Das neunte Bild repräsentiert die Natur. Es ist voller Bäume und Blumen. Es ist dem ersten Bild ähnlich, enthält aber weder Unruhe noch Anspannung.

Jetzt, wo die Macht der Muster und gewohnheitsmäßigen Reaktionen sich gelegt hat, sind wir weniger ichbezogen und aufgeregt, so dass wir der Natur in anderer Weise begegnen und unsere tiefe Verbundenheit mit ihr spüren können. Das Gewahrsein der Natur befähigt uns, uns wieder mit dem Mikrokosmos zu verbinden – einem winzigen Insekt, einigen Tautropfen auf einem Blatt – und zur gleichen Zeit mit dem Makrokosmos – der Erde, den Sternen. Die Natur zu sehen lässt uns unsere eigene Natur erfahren. Verbinden wir uns mit der Natur, können wir unsere gewohnheitsmäßigen Gefühle der Getrenntheit und Isolation heilen und fühlen uns zutiefst lebendig.

Die Ressourcen und die Schönheit der Natur können uns nähren, wenn wir sie würdigen und uns von ihnen berühren lassen. Kojisi schrieb: »Der Gesang der Vögel, die Stimme der Insekten, sie alle sind Mittel, um dem Geist die Wahrheit zu überbringen; in Blumen und Gräsern sehen wir Nachrichten des Weges. Der Schüler, rein und klar im Geist, heiter und offen im Herzen, sollte in allem das finden, was ihn nährt.« Wenn wir uns selbst von der Natur abtrennen, dann verlieren wir uns. Wenn wir dem Gesang der Vögel lauschen und der Stimme der Insekten, kehren wir zurück in die Gegenwart, zu dieser Erfahrung, zum gegenwärtigen Moment. Wir werden Teil des Lebens und werden von ihm genährt. Auch der kleinste Teil der Natur kann eine große Lehre für uns bereithalten, sobald wir ihn wahrnehmen, wenn er sich zeigt.

Den Marktplatz mit helfenden Händen betreten

Auf dem letzten Bild ist der Junge wieder aufgetaucht und wird von einem barfüßigen, dickbäuchigen Mann begleitet, der Geschenke trägt.

Dieses Bild zeigt uns, dass wir für andere mehr Zeit haben werden, sobald wir uns von unseren Gewohnheiten befreien und unser Herz öffnen. Sind wir in schmerzvollen Gewohnheiten verfangen, ist es für uns schwieriger, andere klar und mitfühlend zu sehen. Wir sind zu ängstlich, unsicher oder ichbezogen. Wenn wir uns aus der Gewalt destruktiver Gewohnheiten befreit haben, dann sehen wir andere und können für sie in kreativer, geschickter Weise da sein. Meditation hat uns nicht zu Automaten gemacht, im Gegenteil, sie hat uns neue Teile unserer selbst enthüllt, die wir weiterentwickeln und kreativ zum Wohle der Menschen, denen wir begegnen, ausdrücken können. Auf meinen vielen Reisen hat mich immer sehr bewegt, wie Menschen, sobald sie einmal ihre Selbstbezogenheit hinter sich gelassen haben, sich in kreativer, mannigfacher Weise auf andere einlassen. Im Süden Taiwans traf ich einmal in einem riesigen buddhistischen Gebäudekomplex, der Waisenhäuser, Schulen und Tempel umfasste, eine buddhistische Nonne, die die ansässige »Ingenieurs-Nonne« war und Aufseherin über die Bauarbeiten. Sie war Nonne geworden, um den Buddhismus kennenzulernen und das Dharma zu praktizieren, aber sie hatte inzwischen das Gefühl, die ganze Welt sei eine große Familie, und sie wollte ihr sinnvoll dienen.

Was bedeutet es, uneigennützig zu sein? Was bedeutet es, Mitgefühl und Verständnis für andere Menschen zu haben? Jeder von uns kann eigene Wege finden, um anderen zu begegnen und sie zu unterstützen. Wir müssen dafür andere nicht kopieren. Wir müssen uns nur für unsere eigenen Fähigkeiten öffnen, für die Welt, die wir bewohnen, und die Menschen, denen wir begegnen.

Ein Spiralprozess

Wenn wir diese zehn Stufen betrachten, müssen wir darauf achten, sie uns nicht linear vorzustellen, nicht so, als stellten sie sich allmählich, eine nach der anderen, über unsere Lebenszeit hinweg, ein. Alle zehn Stadien können an einem Tag geschehen! In Wirklichkeit jedoch vollzieht sich der Prozess eher wie eine Spirale. Bei jedem Durchlauf drehen wir eine Runde und steigen weiter hinauf. Wir finden uns aber vielleicht auch einmal in früheren Stadien wieder, jedoch in anderer Weise, unter anderen Umständen. Es geht darum, unsere Erfahrung und unser Verständnis für jedes Stadium zu vertiefen, wenn wir es erneut durchleben. Wir werden immer noch Gewohnheitsspuren sehen und auflösen. Doch wir werden ebenso weitere, neue Möglichkeiten entdecken, Stabilität und Offenheit zu entwickeln. Mein Lehrer, Meister Kusan, hatte drei große Erleuchtungserfahrungen, und jedes Mal praktizierte er danach noch intensiver: Es gibt in der Entwicklung von Weisheit, Mitgefühl und Kreativität kein Ende. Der kreative Pfad ist endlos. Nicht das Ende ist wichtig, sondern das Gehen auf dem Pfad selbst, der Wille, mit uns und mit anderen zu arbeiten; das Vertrauen in die Tatsache, dass wir den Pfad gehen und praktizieren und von diesen Früchten profitieren können.

ÜBUNG
Kreativität

Was kann Ihnen helfen, kreativ zu werden?
Im Folgenden ein paar Vorschläge, das herauszufinden:

Nehmen Sie sich zunächst einmal Zeit, nichts zu tun.
Keine Tagesordnung, keine Erwartungen, keine Pläne.

Suchen Sie sich dann einige Ausdrucksmittel: Stifte, Ölfarben, Instrumente, farbige Fäden usw.
Berühren Sie sie, lernen Sie sie kennen, offen für den Augenblick.
Schenken Sie Licht, Farben, Formen, Geräuschen und Bewegungen Ihre Aufmerksamkeit.
Was bewegen diese in Ihnen?

Lassen Sie sich von allen Dingen inspirieren.
Schauen Sie nur, lauschen Sie nur.

Versuchen Sie, die Welt neu zu sehen.
Entdecken Sie Ihren Sinn für Wunder wieder.
Entdecken Sie die Schönheit des Alltäglichen.

Kunst liegt im Tun,
öffnen Sie sich für eine phantasievolle Gebärde,
schaffen Sie etwas aus nichts,
zeichnen Sie Formen, bauen Sie einen Rahmen, trommeln Sie oder schreiben Sie einige Worte.

Versuchen Sie, kritische Urteile auszuschalten.
Verleihen Sie Ihrem Schaffensdrang Ausdruck.
Können Sie etwas kreieren, was zuvor noch nicht existiert hat?

Nachwort

Die goldenen Pirole fliegen durch den Himmel.
Sie hinterlassen keine Spuren.
Die Schatten des Schilfs streichen über das Wasser.
Es gibt keine Welle.

Danksagung

Mein tiefer Dank gilt den Menschen, die zu unseren Retreats gekommen sind, die sie betreut und organisiert haben. Großer Dank auch an das Team von Wisdom Publications, die dieses Buch möglich gemacht haben. Ich bin Charlie Blacklock, John Teasdale und Professor Schwartz für ihre unschätzbare Hilfe zu großem Dank verpflichtet. Die Anmerkungen von Dorrit Wagner zu einigen Kapiteln waren sehr wertvoll für mich. Während des Schreibprozesses hat mich der unerschöpfliche Humor, die Geduld und Liebe meines Ehemanns, Stephen, stets unterstützt.

Bibliographie

Batchelor, Martine. *The Path of Compassion*. Walnut Creek, CA: Altamira Press, 2004.

Beck, Aaron T. *Reflections on My Public Dialog with the Dalai Lama*. Goteborg, 13 June 2005, www.beckinstitute.org.

Bryson, Bill. *A Short History of Everything*. London: Black Swan Books, 2004 (dt. Ausgabe: *Eine kurze Geschichte von fast allem*. München: Goldmann Verlag, 2005).

Cohen, Darlene. *Finding a Joyful Life in the Heart of Pain*. Boston: Shambhala, 2000 (dt. Ausgabe: *Dein Bewusstsein ist stärker als jeder Schmerz*. München: Integral, 2000).

Galland, China. »The Formless Form: Buddhism and the Community of Recovery«. In: *Being Bodies*, hrsg. Von Leonore Friedman und Susan Moon, Seite 185 ff. Boston: Shambhala, 1997. Gallego, Ruben. *White on Black*. Übersetzt von Marian Schwartz. New York: Harcourt, 2006.

Graves, Theodore D. *Studies in Behavioral Anthropology*. Band 1 und 2. Las Vegas, NV: Marion Street Publishing, 2002. Gregson, David, and Jay S. Efran. *The Tao of Sobriety*. New York: Thomas Dunne Books, 2002.

Hanshan. *Gedichte vom Kalten Berg. Das Lob des Lebens im Geist des Zen*. Aus dem Chinesischen übersetzt und kommentiert von Stephan Schuhmacher. Freiamt: Arbor Verlag, 2001.

Huxter, Malcolm. *Mindfulness and a Path of Understanding: A Workbook for the Release from Cycles of Stress, Anxiety and Depression* (2006 – unveröffentlicht).

Kabat-Zinn, Jon. *Full Catastrophe Living*. New York: Delta, 1990. Kiedis, Anthony. *Scar Tissue*. New York: Hyperion, 2005.

Levine, Noah. *Dharma Punx*. San Francisco: HarperSanFrancisco, 2003 (dt. Ausgabe: *Dharma-Punk, Trips, Drogen und die Suche nach dem Sinn des Lebens*. München: Goldmann Verlag, 2004).

Nyanaponika Thera and Bhikkhu Bodhi (Hrsg. u. Übers.). *Numerical Discourses of the Buddha*. Walnut Creek, CA: Altamira Press, 1999.

Peabody, Susan. *Addiction to Love*. Berkeley, CA: Celestial Arts, 1994.

Prison Phoenix Trust Newsletter, www.prisonphoenixtrust.org.uk Pearce, Fred. »Earth: The Parched Planet«. New Scientist, February 25, 2006.

S., Laura. *12 Steps on Buddha's Path: Bill, Buddha and We*. Boston: Wisdom Publications, 2006.

Schwartz, Jeffrey M., und Sharon Begley. *The Mind and the Brain*. New York: Regan Books, 2002.

Schwartz, Jeffrey M., und Beverly Beyette. *Brain Lock*. New York. Regan Books, 1997.

Segal, Zindel V., J. Mark G. Williams und John D. Teasdale. *Mindfulness-Based Cognitive Therapy for Depression*. New York: The Guilford Press, 2002 (dt. *Die achtsamkeitsbasierte Kognitive Therapie von Depressionen. Ein neuer Ansatz zur Rückfallprävention*. Tübingen: Dgvt-Verlag, 2008).

Segal, Zindel V., J. Mark G. Williams, John D. Teasdale und Jon Kabat-Zinn. *Der achtsame Weg durch die Depression*, Freiamt: Arbor Verlag, 2008.

Sigalovada Sutra. In: The Long Discourses of the Buddha, übersetzt von Maurice Walshe. Boston: Wisdom Publications, 1987 (dt. Ausgabe: in: *Die Reden des Buddha, Längere Sammlung*. Aus dem Pâlikanon übersetzt von K.E. Neumann, Verlag Beyerlein & Steinschulte, 4. Aufl. 1996).

Solomon, Andrew. The Noonday Demon. New York: Scribner, 2001 (dt. Ausgabe: *Saturns Schatten – Die dunklen Welten der Depression*. Frankfurt/Main: Fischer Verlag, 2001).

The Sutra about the Deep Kindness of Parents and the Difficulty of Repaying It. In: »Mahayana Buddhist Sutras in English«, siehe www4.bayarea.net/~mtlee.

Upchurch, Carl. *Convicted in the Womb*. New York: Bantam, 1997.

Valleur, Mark, and Jean-Claude Matysiak. *Les Nouvelles Formes d'Addiction*. Paris: Edition Flammarion, 2004.

De Waal, Frans. Our Inner Ape. London: Granta Publications, 2005 (dt. Ausgabe: *Der Affe in uns. Warum wir sind, wie wir sind*. München: Hanser Verlag, 2006).

Wright, Robert. *Nonzero: The Logic of Human Destiny*. New York: Pantheon, 2000.

Diane Eshin Rizzetto
Zen
für jeden Tag

Diane Eshin Rizzetto zeigt mit Hilfe von alltagsnahen Zen-Leitsätzen, wie man durch Übung alte Gewohnheiten und Standardreaktionen zu durchbrechen lernt. Dieser Weg zu persönlichem Glück und Wohlergehen ist unmittelbar verknüpft mit bewusstem und achtsamem Handeln im Umgang mit seinen Mitmenschen. Diane Eshin Rizzetto erhielt 1994 die Dharma-Übertragung von Charlotte Joko Beck.

Knaur
MensSana

Matthieu Ricard
Glück

Mit einem Vorwort
von Daniel Goleman

Glück ist das Resultat eines Reifungsprozesses, der ganz allein von jedem Menschen selbst abhängt. Dazu gehört auch, sich von der Macht negativer Emotionen wie Hass, Neid, Verlangen und Egoismus zu befreien. Stattdessen sollte man sich von Mitgefühl, Demut und Güte leiten lassen, um mit sich und der Welt in Einklang zu leben. Kleine Übungen und Meditationsanleitungen am Ende eines jeden Kapitels weisen einen klaren Weg zu einem glücklicheren Leben.